Helmut Schlicksupp · Kreativ-Workshop

Dipl.-Wirtsch.-Ing. Dr. Helmut Schlicksupp

Kreativ-Workshop

Ideenfindungs-, Problemlösungs-
und Innovationskonferenzen
planen und veranstalten

Vogel Buchverlag

DR. HELMUT SCHLICKSUPP

Jahrgang 1943, studierte von 1963 bis 1969 an der Technischen Hochschule Darmstadt bis zum Abschluß als Diplom-Wirtschaftsingenieur. Die ersten Berufsjahre bis 1976 erfolgten am Frankfurter Battelle-Institut, wo er Pionierarbeiten bei der Erforschung, Entwicklung und Anwendung von Kreativitäts- und Innovationstechniken leistete. Mit der Dissertation «Grundlagen der Ideenfindung und Problemlösung» promovierte er 1975 extern zum Dr. rer. pol.

Seit 1976 ist DR. SCHLICKSUPP als Innovationsberater selbständig tätig. Die Schwerpunkte seines Leistungsangebotes sind firmeninterne Seminarveranstaltungen über kreatives Problemlösen, das Auffinden innovativer Produkte und Dienstleistungen und die – ebenfalls interne – Moderation von Problemlösungskonferenzen, von Kreativ-Workshops, in Unternehmen aller Größen und Branchen.

DR. SCHLICKSUPP ist Autor von zahlreichen Fachpublikationen und dabei auch dem Vogel Buchverlag seit vielen Jahren verbunden (Produktinnovation; Ideenfindung; Koautor der Innovations-Software MORPHOS).

Seine Anschrift:

Dr. Helmut Schlicksupp, Biethsstraße 35, D-6900 Heidelberg 1

Die Deutsche Bibliothek – CIP-Einheitsaufnahme

Schlicksupp, Helmut:
Kreativ-Workshop: Ideenfindungs-, Problemlösungs- und Innovationskonferenzen planen und veranstalten/Helmut Schlicksupp.
– 1. Aufl. – Würzburg: Vogel, 1993
(Reihe Management)
ISBN 3-8023-1481-6

ISBN 3-8023-1481-6
1. Auflage. 1993

Printed in Germany
Copyright 1993 by Vogel Verlag und Druck KG, Würzburg
Umschlaggrafik: Michael M. Kappenstein, Frankfurt (Main)
Herstellung:
Satz: Vogel Buchverlag, Würzburg
Druck: Alois Erdl KG, Trostberg
Bindung: Wilhelm Röck, Weinsberg

Vorwort

Die meisten Veränderungen erfolgen nicht aus der Lust an Veränderungen per se, sondern sind das Ergebnis notwendiger Anpassungen an sich wandelnde Gegebenheiten. Speziell in Konkurrenzsituationen werden Veränderungen dann ausgelöst, wenn einem Wettbewerber ein so vorteilhafter Mutationsschritt gelungen ist, daß er dadurch seine Kontrahenten auf Dauer zu dominieren droht. Diese sind nun zum Nachvollzug gezwungen, wenn sie ihre Chancen auf vordere Plätze erhalten wollen.

Bei den Olympischen Spielen 1968 gewann ein junger, der Fachwelt unbekannter Mann – DICK FOSBURY – mit einer revolutionären Technik den Hochsprung und verbesserte gleichzeitig den bis dahin bestehenden olympischen Rekord um sechs Zentimeter. Im Hochsprung eine Welt! Nach Fosburys Triumph war eines klar: Wer je noch einmal Olympiasieger im Hochsprung werden wollte, der mußte künftig diesen Sprungstil beherrschen.

Laut der weltweit bekannt gewordenen Studie von WOMACK, JONES und ROOS – «The Machines That Changed the World», im deutschen Titel «Die zweite Revolution in der Autoindustrie» – waren es die Leistungen der japanischen Automobilbauer, die bei ihren europäischen und amerikanischen Wettbewerbern eine Art Fosbury-Schock auslösten. Japanische Werke montieren im Heimatland ein Auto in 16,8 Stunden, während die Europäer im Schnitt dafür 36,2 Stunden benötigen und dabei dennoch gut 60% mehr Montagefehler begehen als ihre japanischen Kollegen. Verständlich, daß – wie alle Hochspringer, die was bleiben oder werden wollten, auf den Flop umstiegen – das japanische Modell einen enormen Nachahmungsdruck ausübt. War jahrzehntelang das Management-Vokabular durch Anglizismen gefärbt, verbreiten sich heute Begriffe wie Kaizen, Kanban, Heijunka und Shusa, wenn auch des besseren Verständnisses wegen so mancher Ansatz japanischen Vorwärtsstrebens – Total Quality Management,

Quality Circles, Simultaneous Engineering – ins englische Sprachgewand gekleidet wurde.

Der rasante fernöstliche Aufstieg zu neuen Wirtschaftsmächten zwingt die westlichen Unternehmen zur Suche nach veränderten Formen der Leistungserstellung mit den Kernzielen erhöhter Reagibilität, verbesserter Qualität und geringeren Kosten. Inzwischen greift die Erkenntnis, daß das klassische Hierarchiegebilde mit eher zentralisierter Führung und funktionaler Aufgabentrennung zur Erreichung dieser Ziele nur bedingt geeignet ist. Leistungsfähigkeit und Leistungswille entfalten sich dementgegen offensichtlich dynamischer durch Vernetzungen, durch Integrationen und durch einen höheren Autonomiegrad von aufgabenbezogen flexibel formierten Gruppen, wobei Handlungskompetenz und Ergebnisverantwortung mehr als bisher von den Spitzen der Führungspyramiden zur unmittelbaren Aufgabenbewältigung hin delegiert werden müssen.

Diese Entwicklung zur Förderung eigenverantwortlicher Unternehmerfunktion an der Basis verleiht insbesondere der Kooperationsfähigkeit aller Beteiligten ein neues Gewicht. Koordiniertes Planen, Entscheiden und Ausführen muß nun reibungslos auf Ebenen und von Personen durchgeführt werden, von denen bislang eher gefordert war, aus dem übergreifenden Zusammenhang gelöste Teilaufgaben abzuarbeiten.

Mehr und mehr wird die Teamfähigkeit – in des Wortes breitester Auslegung – zur Voraussetzung erfolgreichen Bestehens, müssen sich umfassendere, unternehmerische Lenkungseigenschaften in den einzelnen Zellen und Organen des Unternehmens selbst spiegeln.

Kreativ-Workshop beschreibt einen besonderen Inhalt von Teamarbeit, die Hervorbringung konzeptioneller Leistungen, die schöpferische Phase, in der jene Keime entstehen, aus denen neue Vorhaben wachsen. Um hochkreative Ergebnisse zu erzielen, bedarf es breitgefächerten Wissens, verständnisvoller Durchdringung der Realität, Befreiung von Urteilen, Empfinden von Sinnhaftigkeit, Identifikation mit der Sache, Motivation und Begeisterung – Voraussetzungen, die dieses Buch nicht vermitteln will, sofern dies ein Buch überhaupt vermag. Sein Angebot ist vorwiegend methodisch-handwerklicher Art. Doch vielfach schaffen erst Handwerk und Methode den Grund, auf dem Gelingen baut.

Heidelberg   Helmut Schlicksupp

Inhaltsverzeichnis

Einleitung

Inhalt und Ziel dieses Buches

Der Erfolg eines Unternehmens wird zwar von der Qualifikation eines jeden einzelnen Mitarbeiters bestimmt, mehr noch aber vom Zusammenwirken aller Stelleninhaber in und zwischen den verschiedenen Funktionsbereichen. Zudem ist es eine Folge des rascher werdenden Innovationsgeschehens, daß immer mehr besondere Probleme in der Form der Projektarbeit neben den Routinetätigkeiten bewältigt werden müssen.

In Konsequenz gewinnt Teamarbeit progressiv an Bedeutung. Nicht nur, weil Kooperationsanlässe zahlenmäßig zunehmen, sondern auch – und insbesondere –, weil Ergebnisqualitäten gefordert werden, die ein einzelner weder inhaltlich noch zeitlich in einer Weise erreichen könnte, die jenen eines gut funktionierenden Teams ebenbürtig wären.

Erfolgreiche Teamarbeit fordert die Erfüllung einer ganzen Reihe von Voraussetzungen. Zu diesen gehört die angemessene Zusammensetzung eines Teams im Hinblick auf fachliche Befähigung, kooperative Einstellung, Identifikation mit dem Problem und hohe Problemlösungsmotivation, die Aufbereitung der Thematik, Kenntnis von problemgerechten und teamadäquaten Arbeitstechniken, sorgfältige Organisation im Vorfeld, Bereitstellung der benötigten Arbeitsmittel, ebenso einfühlsame wie zielbezogene Prozeßmoderation und vieles andere mehr.

Teamarbeit ist für das Unternehmen unverzichtbar, wird verstärkt zur Arbeitsform des Alltags – und verursacht erhebliche Kosten. Je nach Tätigkeitsfeld kann ein Mitarbeiter zehn, fünfzehn und mehr Stunden wöchentlich in kooperativem Problemlösen engagiert sein. Selbst wenn wir im Durchschnitt nur fünf Wochenstunden für Teamarbeit ansetzen, addiert sich dies zu 200 Jahresstunden und – bei einem Gesamtkostensatz von 100 DM je Stunde – zu einem Betrag von 20 000 DM pro Jahr und Mitarbeiter. Treffen die genannten Bedingungen im Unternehmen für nur hundert Personen zu, dann verursacht Teamarbeit bereits einen Kostenaufwand von 2 Millionen Mark jährlich, ungeachtet der vorbereitenden Kosten und den in Folge anfallenden. Ein stattlicher Betrag also, der die Frage aufzwingt, ob er denn auch rentierlich angelegt worden ist.

Dies allerdings muß häufig genug angezweifelt werden. Befragungen des Autors zu Kreativitätsblockaden im betrieblichen Alltag ergaben [1], daß die Art und Weise, in der Komitees und Gremien mögliche neue Vorhaben zerreden, als die leidigste Kreativitätsbarriere empfunden wird. Dies bestätigt den verbreiteten Eindruck, daß die gegenwärtigen Formen praktizierter Teamarbeit noch vielfach alles andere als ideal sind und daß wir ebenso aufgeschlossen wie engagiert sein sollten, die Qualitäten unseres gemeinsamen Zusammenwirkens zu verbessern.

Teamarbeit kann in verschiedenen Bedeutungen verstanden werden. So lesen wir oft genug in Hotelfoyers, daß sich das Team des Hauses alle nur erdenkliche Mühe geben wolle, um die Wünsche des Gastes zu erfüllen. In diesem Falle wirken zwar alle Mitglieder des Teams – vom Geschäftsführer über den Bankettmanager bis zum Küchenchef – an einer übergreifenden Sache mit, aber sie kooperieren nicht unmittelbar an konkreten Inhalten. Die Tätigkeit der Empfangsdame ist weitgehend unabhängig von der des Oberkellners.

Ähnlich ist es bei vielen betrieblichen Projektteams, deren Mitglieder zwar vom Projektleiter koordiniert werden, ansonsten aber individuell Teilprobleme bearbeiten. Freilich finden wir es schon bei Projektarbeit häufiger, daß ein bestimmtes Detailproblem kooperativ gelöst wird, also daß eine gemeinsame Denkarbeit – sozusagen am runden Tisch – erfolgt. Wenn wir im weiteren von Team oder Gruppe sprechen, dann meinen wir diese *unmittelbar* interagierende und kooperierende Problemlösungseinheit aus mehreren Personen.

Das kleinste denkbare Team ist das Duo, und der gedankliche Austausch zwischen zwei Menschen ist vermutlich die häufigste Form der innerbetrieblichen Kommunikation. Er ist so lebenswichtig, daß wir ihn uns aus dem Unternehmensalltag nicht wegdenken können – und zwar nicht nur aus formalen Gründen wegen der Arbeitsteiligkeit bei unserer Aufgabenerledigung. Jedermann weiß, wie anregend und fruchtbar der Dialog ist, wie uns dabei konzeptionelle Anstöße vermittelt werden; jedermann weiß, wie unverzichtbar es ist, bei einem Kollegen fachliche Hilfestellung zu erhalten, einen Experten zu besonderen Fragen um Rat bitten zu können.

Die Vielzahl der informellen, persönlichen Kontakte und Beziehungen ist – so hat es einmal B. WEBER sehr treffend bezeichnet – das unentbehrliche Schmiermittel von allen Innovationsprozessen [2]. Sie sollen durch keine andere Methode oder Vorgehensweise ersetzt werden.

Im Sinne unseres Themas sollten wir es jedoch ausklammern, alle Dialoge als Teamarbeit zu bezeichnen. Zweierbeziehungen unterliegen völlig anderen Gesetzmäßigkeiten. Sie sind in aller Regel sehr viel harmonischer und unkomplizierter als die Kooperationen von mehreren Personen. Viele, vor allem konfliktäre, Phänomene treten bei ihnen gar nicht auf.

So wichtig duale Kommunikationsprozesse sind – sie können das Zusammenwirken zahlenmäßig größerer Gruppen niemals völlig ersetzen: Die Multidisziplinarität vieler Projekte und Vorhaben macht es oft zur unumgänglichen Notwendigkeit, daß sich fünf, sechs oder mehr Personen aktiv an einem Problemlösungsprozeß beteiligen und über zu treffende Entscheidungen mitbefinden. Zudem hat sich immer wieder bewiesen, daß mehr Köpfe nicht nur umfangreichere, sondern auch bessere Ergebnisse hervorbringen können.

Wirksame Teamarbeit ist jene Quelle, aus der das Unternehmen seine fruchtbarsten Anstöße zur Lösung dringlicher Probleme schöpfen kann. Bedenken wir aber bitte, daß diese Aussage nur solange ihre Gültigkeit behält, als wir tatsächlich in Arbeitsformen handeln, die dem «Gebilde Team» angemessen sind. Bei mangelnder Sorgfalt der Vorbereitung und bei wenig empfindsamer Einstimmung auf das Miteinander kann Teamarbeit rasch in das Gegenteil dessen umschlagen, was beabsichtigt war: Der Problemlösungsprozeß bleibt unfruchtbar, aus orientierungslosen Debatten und Diskussionen läßt sich kein vernünftiges Ergebnis herauskristallisieren, die Teilnehmer sind enttäuscht – wenn nicht verärgert –, und kaum jemand ist bereit, die wenigen Ergebnisse überzeugt weiterzutragen.

Gewiß, überall dort, wo wir Menschen beteiligt sind, bleiben Handlungen immer anteilig spontan, zufällig, unkalkulierbar. Die sehr sensiblen Prozesse unserer Interaktion können nicht gegen alle Störungen abgesichert werden. Menschen sind nun einmal individuelle Wesen, haben sehr persönliche Meinungen, Absichten, Interessen und Ziele, die sich dann und wann, nicht immer vermeidbar, in Kollisionen äußern. Wir können uns nicht zu völliger Harmonie und Übereinkunft gleichschalten. Aber dennoch können wir Bedingungen schaffen, die unsere gemeinsamen Arbeitsprozesse produktiver, synergetischer und für alle Beteiligten befriedigender werden lassen. Hierzu sollen in diesem Buch Hinweise gegeben werden, die in nunmehr über zwanzig Jahren eines Berufslebens gewachsen sind, das überwiegend aus der Arbeit in Teams bestand.

Kreativ-Workshop: Buch und Software

Zwar mag man im Einzelfall über Inhalt und Umfang der Anwendung geteilter Meinung sein – über den generellen Nutzen von elektronischen Rechnern, und speziell von Personalcomputern, herrscht Einigkeit.

Immer mehr Menschen sind an den Umgang mit Tastatur und Bildschirm gewöhnt und möchten auf die Leistung ihrer Programme und auf den schnellen Zugriff auf Daten und Informationen nicht mehr verzichten. Aus diesem Grunde gibt es zu diesem Buch eine begleitende Software CREATIV-WORKSHOP, die zwei Funktionen erfüllt (siehe Kapitel 9):

◻ Sie enthält die wichtigsten Inhalte dieses Buches in komprimierter Form und erlaubt es somit, das Wesentliche rasch auf einen Blick zu erfassen.

◻ Sie unterstützt die praktische Organisation und Durchführung von Problemlösungsprozessen im Team durch eine Reihe von aktiven Programmteilen, mit denen verschiedene Pläne, Checklisten oder Arbeitsformulare ausgefüllt und/oder ausgedruckt werden können.

Aus praktischen Gründen sind Buch und Software in gleicher Weise gegliedert, und es werden an den geeigneten Stellen Querverweise zwischen beiden Medien erfolgen. Die Software ist im übrigen so aufgebaut, daß die Bedienerführung auf höchst einfache Weise am Bildschirm geschieht und das Studium eines gesonderten Handbuches nicht erforderlich ist.

Kapitel 1

KREATIV-WORKSHOP: ALLGEMEINE INFORMATIONEN

Was verstehen wir unter einem Kreativ-Workshop?

In jedem Unternehmen taucht eine Fülle der unterschiedlichsten Probleme und Aufgabenstellungen auf. Die Mehrzahl dieser Probleme hat für uns insofern Routinecharakter, als sie mit unseren schon länger eingeführten Produkten und Dienstleistungen zu tun hat, als solche Probleme stets in ähnlicher Form erscheinen und mit unserem angesammelten Know-how meist unverzüglich und sehr befriedigend gelöst werden können.

Da wir aufgrund unserer Erfahrungen meist gut mit diesen Problemen zurechtkommen, sollten wir sie eher als Aufgaben des betrieblichen Alltags bezeichnen. Zur Veranschaulichung: Hierzu gehören

☐ das Beseitigen von Störungen an Fertigungseinrichtungen,
☐ der Versand von Waren nach Übersee,
☐ das Bearbeiten von Kundenreklamationen,
☐ das Durchführen von Analysen an Substanzproben,
☐ das konstruktive Auslegen eines Bauteiles,
☐ das Erstellen eines Angebotes,
☐ die kundenspezifische Anpassung eines Produktes,
☐ das Beschaffen eines Investitionsgutes, sobald es spezifiziert ist,

und vergleichbare Tätigkeiten.

Daneben stellen sich jedoch auch immer häufiger Probleme, die mit grundlegenden Neuerungen zu tun haben und die für das Unternehmen künftig von großer Tragweite sind, sei es, daß sie auf die erwarteten Umsätze spürbaren Einfluß nehmen, sei es, daß ihre Realisierung mit erheblichen Kosten verbunden ist. Die Lösungen zu solchen Problemen können in der Regel nicht ausschließlich mit

Logik und Routine erarbeitet werden, sondern sie verlangen Einfallsreichtum und Erfindungsfähigkeit – kurzum: Kreativität.

Da neue Ideen gefordert werden, die aus dem Erfahrungsschatz nicht abgerufen werden können, bezeichnen wir solche Probleme auch als Innovationsprobleme. Auch hierzu seien später einige Beispiele genannt.

Bei der Bewältigung von Innovationsproblemen ist es nun durchaus nicht gleichgültig, ob eine realisierte Lösung «ein bißchen besser oder schlechter» ist, denn schon graduelle Qualitätsunterschiede werden sich auf Erträge und Kosten in großen Beträgen auswirken. Jetzt haben wir ein vitales Interesse daran, eine Lösung zu finden, die einem denkbaren Optimum sehr nahekommt.

Da dieser schöpferische Problemlösungsprozeß jedoch nicht beliebig lange dauern darf, wird ein möglichst massiver gedanklicher Anlauf erforderlich, der so gestaltet sein muß, daß ein Maximum unserer kreativen Potentiale freigesetzt wird. Und diese Arbeitsform wollen wir *Kreativ-Workshop* nennen. Natürlich wären andere Bezeichnungen in ähnlicher Weise zutreffend, wie Ideenfindungssitzung, Problemlösungskonferenz oder Innovationsmeeting.

Welche Vorteile bietet ein Kreativ-Workshop?

In erster Linie profitieren wir von der Überlegenheit, die wirkungsvolle Teamarbeit gegenüber dem singulären Problemlösen – auch wenn es sich um einen sehr leistungsfähigen Fachmann handelt – entfaltet. Diese Überlegenheit des Teams folgt daraus, daß

□ das Problem unter sehr vielen Blickwinkeln betrachtet wird, während ein einzelner doch eher der Gefahr unterliegt, eine Sache bevorzugt alleine aus einem persönlichen Standpunkt zu betrachten,

□ mehrere Personen ein Wissenspotential auf das Problem lenken können, das dem einzelnen einfach nicht zur Verfügung steht,

□ sich die Mitglieder eines Teams wechselseitig anregen, daß eine Fülle von Assoziationen ausgelöst wird, die sich in einem Kopf nicht einstellen,

16

- das Miteinander kreative Prozesse wesentlich länger auf einem hohen Niveau hält, während die schöpferischen Intensivphasen des Solo-Denkers entschieden kürzer sind.

Für das Unternehmen, für das zu behandelnde Problem oder Projekt ergeben sich die Vorteile, daß

- durch das Team mit größerer Wahrscheinlichkeit in kürzerer Zeit tragfähige Lösungen gefunden werden und daß dadurch teure Entwicklungszeit eingespart wird,
- sehr viel mehr, unterschiedlichere und auch bessere Lösungsansätze nun als Alternativen zur Diskussion stehen. Wir gewinnen dadurch erheblich an Sicherheit, daß kein besonders erfolgversprechender Lösungsweg übersehen wurde;
- sich die Teammitglieder mit den erarbeiteten Ergebnissen identifizieren. Einmal getroffene Entscheidungen finden deswegen gewichtigere Akzeptanz im Unternehmen und lassen sich reibungsloser durchsetzen. Dies ist insbesondere dann der Fall, wenn sich Personen im Team befanden, die hinsichtlich des behandelten Innovationsproblems Schlüsselfunktionen einnehmen.

Freilich werden wir diese Vorteile nur dann erzielen, wenn

- die Teilnehmer fachlich hervorragend qualifiziert sind,
- das Wissensspektrum der am Workshop Mitwirkenden sich in der Breite und Vielfalt ergänzt,
- die äußeren Arbeitsbedingungen (Ungestörtheit, Materialien, ...) und die Stimmung im Team positiv sind,
- Problemlösungsmethoden angewandt werden, die kreatives Denken wirksam unterstützen.

Wann sollte ein Kreativ-Workshop durchgeführt werden?

Von der ersten Problem- und Zielformulierung bis zur Vollendung der Realisierung durchlaufen Innovationsprojekte mehrere Phasen von durchaus unterschiedlicher Anforderung. Ausschlaggebend ist jedoch das Ergebnis, mit dem die *Konzeptionsphase* abschloß und die nun alle weiteren Schritte – zum Beispiel Vorentwicklung, Entwicklung, Herstellung und Vermarktung eines Produktes – prägt. Was auch immer im folgenden an Kosten verursacht oder an Erträgen erarbeitet wird – es wird von der konzeptionellen Qualität bestimmt.

Deshalb ist es so bedeutungsvoll, kreative Problemlösungsprozesse ganz an den Anfang von Innovationsvorhaben zu legen, in die frühen Konzeptionsphasen. Leider wird diese Erkenntnis nicht immer befolgt. Noch zu oft hält man eine erstbeste Lösung für gut genug und beginnt mit weiträumigeren kreativen Denkansätzen erst dann, wenn man sich in einer Sackgasse festgefahren hat oder wenn die Mängel der hastig aufgegriffenen ersten Konzeption allzu deutlich geworden sind. Viel zuviel Zeit und viel zuviel Geld geht immer wieder durch derlei unbedachte «Schnellschüsse» verloren, zu sehr lassen wir uns von dem ungerechtfertigten Zwang verleiten, möglichst schnell die ersten greifbaren Zwischenergebnisse aufweisen zu müssen. Wir folgen oft viel zu unüberlegt den ersten konzeptionellen Ansätzen, die sich uns anbieten.

Also: Der massive Denkanlauf muß bereits in der Konzeptionsphase erfolgen, solange noch keine Weiche falsch gestellt ist! Seien wir uns bewußt, daß von allen Projektaufwendungen die für das schöpferische Denken ohnehin die geringsten sind. Im Vergleich zu Sachinvestitionen kostet Denken nicht viel – bringt aber den größten Nutzen.

Eine gute Idee kann buchstäblich Gold wert sein; und der Mehrwert der in einem Kreativ-Workshop gefundenen Lösungen wird in der Regel den damit verursachten Aufwand um ein Vielfaches übersteigen.

Fraglos sind Grenzen gesetzt. Bei ausgesprochenen Bagatellproblemen kann niemand die Durchführung eines Workshops gutheißen. Ebenso wären die Teilnehmer zu Recht mißgestimmt, wenn sie erfahren würden, daß ihre Denkleistungen völlig überflüssig waren, weil über die Art der Problemlösung schon längst eine Entscheidung getroffen war. Natürlich kann man auch dann nicht mit der Planung eines Workshops beginnen, wenn ein Problem sofortige Maßnahmen verlangt (wie etwa eine Betriebsstörung am Fließband) – und von der Sache her auch dann nicht, wenn das Problem von einem fachverständigen Experten auf logischem Weg optimal gelöst werden kann, wie zum Beispiel die Berechnung der Betriebsrentenansprüche eines ausscheidenden Mitarbeiters.

Welche Problemstellungen sind geeignet?

Ungeeignet – um an den vorherigen Gedanken anzuknüpfen – sind für die Arbeitsform des Kreativ-Workshops nicht nur alle sinnfällig logisch lösbaren Probleme, sondern auch jene, die nur durch Probieren gelöst werden können. Vor solchen «Probierproblemen» stehen wir häufig in der Chemie beim Aufspüren neuer Wirksubstanzen oder in Verbindung mit aerodynamischen und fluidischen Prozessen. Aber auch Fragen, die von subjektiven Anschauungen abhängen («Welcher Entwurf wird bei unserer Zielgruppe besonders gut ankommen?»), und solche Probleme, die extrem vernetztes Denken erfordern (wie die Konzeption von mikroelektronischen Schaltkreisen), sind für Kreativ-Workshops nicht geeignet. Hier sind andere Vorgehensweisen angemessener.

Bevorzugt bieten sich also Innovationsprobleme an, deren Fragestellungen auf die Hervorbringung konzeptioneller Alternativen zielen, die – bei der Einbringung des erforderlichen Sachverstandes – auf rein gedanklicher Ebene entworfen werden können. Typische Beispiele für solche Problemstellungen sind:

- Automatisierung der Qualitätsüberwachung eines Produktes oder Bauteiles,
- Entwicklung eines Fertigungsverfahrens für eine Substanz X über den Labormaßstab hinaus,
- Produktverbesserungen und -überarbeitungen,
- Suche neuer Produkte,
- Konzeption verkaufsfördernder Maßnahmen,
- Bewältigung eines neuen meßtechnischen Problems (z.B. Überwachung des Funktionszustandes eines Katalysators),
- Aktionen und Gestaltungen zur Attraktivierung der eigenen Präsentation auf einer Messe,
- entwicklungstechnische Lösung einer neugestellten Funktionsanforderung.

Unser Verstand operiert auf eine eher sequentielle Weise, das heißt, wir können nur eine begrenzte Zahl von Sinngehalten simultan erfassen und verarbeiten. Deshalb sollten wir hochkomplexe Probleme in Teilprobleme zerlegen und diese in Abfolge behandeln. Um dies grob zu veranschaulichen:

Es macht wenig Sinn, in einem Kreativ-Workshop nach konkreten, detaillierten Konstruktionsideen unter dem Titel

«Elektrische Werkzeuge»

zu suchen. Dieser Komplexbereich sollte zweckmäßiger zerlegt werden, beispielsweise in

a) Konstruktionsideen für Bohrmaschinen,
b) Konstruktionsideen für Tischkreissägen,
c) Konstruktionsideen für Winkelschleifer,
wobei sich auch hier noch eine Unterteilung anbietet, etwa

zu a)
a1: neue konstruktive Lösung zur Bohrereinspannung,
a2: neue konstruktive Lösung zur Erzeugung der Schlagimpulse,
a3: neue konstruktive Lösung zur Staubabsaugung oder
a4: mögliche Funktionserweiterungen für Bohrmaschinen.

Je besser wir unsere kreativen Fähigkeiten auf einen klaren Zielpunkt kanalisieren können, desto konkreter und umsetzungsfähiger werden unsere gedanklichen Konstrukte sein.

Wen lädt man zu einem Kreativ-Workshop ein?

Ein Workshop mag noch so gut vorbereitet, die Umgebung noch so ideal ausgewählt sein: Wenn die «falschen» Leute daran teilnehmen, dann geht's halt von vornherein schief, oder aber man müht sich, und Brauchbares entsteht dennoch nicht.

Ein entscheidender Gesichtspunkt bei der Zusammensetzung des Workshop-Teams ist das zu *behandelnde Problem*. Die Erfahrung zeigt, daß viele Erfindungsgedanken dadurch entstehen, daß Wissen von einem Bereich A auf einen anderen Bereich B übertragen und dort – eventuell in modifizierter Form – zur Problemlösung wird. Ausgehend vom Problem werden wir also fragen, welche Wissensbereiche sich als fruchtbar und anstoßgebend erweisen könnten. In bezug auf beispielsweise das Workshop-Thema

«Verbesserung von Starter-Batterien»

sind vermutlich Kenntnisse über

- □ elektrochemische Prozesse,
- □ Mikroelektronik,
- □ Fahrzeugtechnik allgemein,
- □ Anwendungstechnik Batterien,
- □ Nutzungs- und Betriebsbedingungen von Fahrzeugen

besonders wertvoll für die Entwicklung neuer Ideen. Also werden wir erkunden, wer im Unternehmen über solches Wissen verfügt, und die entsprechenden Fachleute einladen. Der Teilnehmerkreis ist zwar dann durchaus fachlich heterogen, aber keiner im Team ist der Sache so weit entfernt, daß er sich nicht verständig in das Problem eindenken könnte.

Gleichzeitig sollten wir bei der Einladung bedenken, daß wir eine freie, ungezwungene, lockere, spontane – eben kreative – Atmosphäre erzeugen möchten. Also sollten sich möglichst solche Personen zusammenfinden, deren Naturell dem entgegenkommt.

Vor allen Dingen könnten uns Teilnehmer hinderlich sein, die jeden Vorschlag sehr kritisch betrachten und begutachten und sehr detailliert begründen, warum daran dieses oder jenes nicht so funktionieren wird, wie man sich das nach der Problemlage wünscht. Natürlich sind auch solche – fachlich in der Regel sehr hochstehende – Menschen für das Unternehmen äußerst wertvoll. Aber in einem Kreativ-Workshop würden sie die geforderte Dynamik bremsen. Wir werden diese Experten zu einem späteren Zeitpunkt einschalten, nämlich dann, wenn gefundene Ideen zu überprüfen und auszuarbeiten sind.

Letztlich sollten die Teilnehmer auch sozial einen homogenen Kreis bilden. Da jeder den anderen als gleichberechtigt akzeptieren soll, können Vorgesetztenverhältnisse gewisse Blockaden auslösen, ebenso wenn in anderer Beziehung Rang und Status zu verschieden sind. Unter solchen Umständen kann es geschehen, daß die fachlich und funktional höherrangigen Teilnehmer das Gespräch dominieren und die anderen Eingeladenen zu frustrierten Statisten degradieren.

Frauen sind in einer Kreativ-Runde in den allermeisten Fällen belebend, zumal ihre Sicht der Dinge oftmals interessante Lösungswege aufzeigt, die aus der Perspektive der Männerwelt gar nicht gesehen werden.

Wie sind
die Teilnehmer an den Ergebnissen beteiligt?

Gute Ideen können äußerst wertvolle Güter sein [3], und wer als Erfinder eines wirtschaftlich interessanten Patentes eingetragen ist, kann deswegen auch erhebliche finanzielle Vorteile erhalten. Zudem wird durch die Erfinderschaft auch der fachliche Status aufgewertet.

Es ist nur allzu verständlich, daß betriebliche Problemlösungsprozesse sehr handfest von persönlichen Egoismen durchwoben sein können, auch wenn diese hinter sachlichen Argumenten verborgen werden. Man möchte seine guten Ideen nicht einfach dem Kollegen schenken, und dies erst recht dann nicht, wenn jener sie vielleicht gar als die eigenen ausgibt. Solche zwischenmenschlichen Rivalitäten um Einkommen und Ansehen – sie gehören zur Natur des Menschen – finden wir in jedem Unternehmen. Sie können eine enorme Blockade gegen Teamarbeit generell darstellen – zieht man es doch persönlich in der Regel vor, lieber der alleinige Inhaber eines mittelmäßigen Patentes zu sein, als eine bessere Lösung mit anderen teilen zu müssen.

Wir können dieses Dilemma niemals restlos beseitigen, aber wir können versuchen, es abzuschwächen. Sollten in einem Kreativ-Workshop erfindungsträchtige technische Probleme behandelt werden, dann wird folgendes Vorgehen empfohlen:

1. Die Eingeladenen erhalten eine ausführliche Beschreibung der Aufgabenstellung. Zugleich werden sie gebeten, alle Ideen, die ihnen vorab als Lösungswege einfallen auf beigelegten Formblättern festzuhalten. (In Kapitel 4 ist ein solches vorschlagsweise entworfen.) Sollte eine Idee aus dieser Voraberfassung später realisiert werden, dann wird der Einreicher als alleiniger Erfinder benannt.

2. Für die Arbeit im Workshop gilt dann grundsätzlich, daß die entstandenen Ergebnisse den Teilnehmern zu gleichen Anteilen zugerechnet werden. Dabei kann es durchaus zweckmäßig sein, daß jeder Beteiligte seine Zustimmung zu dieser Vereinbarung schriftlich erklärt.

Im allgemeinen wird diese Regelung einvernehmlich angenommen. Zwar entsteht eine Idee stets nur in einem individuellen Kopf, so wie auch beim Fußballspielen es nur ein Spieler ist, der das Tor schießt.

Aber es leuchtet ein, daß ja die Idee erst in der Gruppensituation und durch die gedanklichen Beiträge anderer entstanden ist – genauso, wie der Torschütze von einem Mitspieler die Vorlage erhalten mußte, damit er den Treffer erzielen konnte.

Da sich bei nichttechnischen Problemen die finanzielle Frage der Erfinderschaft nicht stellt, wird man auf die genannte Voraberfassung der Ideen verzichten. Gleichwohl sollte im späteren Projektverlauf nicht verschwiegen werden, wenn und daß eine realisierte Lösung ihren Ursprung im Team hatte. Die Teilnehmer wären zu Recht enttäuscht, wenn sich im weiteren nur der Problemsteller mit jenen Erfolgen schmücken würde, die er dem einberufenen Team verdankte. Solches egoistisches Verhalten würde auch begreiflicherweise die Bereitschaft mindern, erneut an einem Kreativ-Workshop als Teilnehmer mitzuwirken.

Wie lange dauert ein Kreativ-Workshop?

Erst wenn man des öfteren an ausgedehnten Problemlösungskonferenzen teilnimmt, kann man an der eigenen Person verspüren, wie überaus anstrengend länger dauerndes schöpferisches Denken ist. Im üblichen betrieblichen Alltag wechseln Phasen der konzentrierten konzeptionellen Arbeit häufiger mit geistig erholsamen Routinetätigkeiten, wobei ja oft genug der Alltag mit den unvermeidlichen Routinen überwiegend ausgefüllt ist.

Da wir unsere geistige Frische also nur über begrenzte Zeiträume aufrechterhalten können, sollte ein Kreativ-Workshop vernünftigerweise nicht länger als zwei Tage dauern. Dann ist man in der Regel ausgelaugt und hat das dringende Bedürfnis nach geistiger Erholung. Aber auch diese Dauer wird man nur einigermaßen gut durchstehen, wenn der Workshop Themenwechsel anbietet. Es ist so gut wie unmöglich, über ein einzelnes, abgegrenztes Problem länger als einen Tag Ideen zu entwickeln. Selbst wenn man dabei verschiedene Methoden einsetzt: Nach dieser Zeit wird man das resignierende Empfinden haben, sich nun gedanklich im Kreise zu drehen. Immer wieder kehrt man auf schon Bekanntes zurück, zusätzliche Ideen lassen sich kaum noch finden.

Die minimale Workshop-Dauer sollte einen halben Tag nicht unterschreiten, denn sonst stehen der damit verbundene organisatorische Aufwand und die Menge der erzielten Ergebnisse nicht mehr in rechtem Verhältnis zueinander. Natürlich gilt dies nicht für informelle Ideenfindungssitzungen, die man manchmal recht rasch einberufen kann, erst recht dann, wenn sich die Teilnehmer auf das kollegiale Umfeld beschränken. Hierfür können ein bis zwei Stunden voll ausreichend sein.

Wo soll der Kreativ-Workshop stattfinden?

Wer zuweilen in Workshops einbezogen war, der weiß, wie störend es ist, wenn das Telefon im Raum klingelt oder wenn Teilnehmer vorübergehend aus der Gruppe gerufen werden, weil irgendwo irgendwer alleine nicht zurechtkommt oder zu träge ist, es erst mal alleine zu probieren.

Wer das Team dann einmal für eine halbe oder ganze Stunde verlassen mußte, verliert den Faden des Problemlösungsprozesses und muß entweder von anderen nachunterrichtet werden, oder seine Mitwirkung gerät ein wenig ins Abseits. Also: Das Kreativ-Team muß in Ruhe arbeiten können, es dürfen keine Störungen von außen in die Gruppe getragen werden.

Sind im Unternehmen Räumlichkeiten vorhanden, die diese Abschirmung gewähren, dann kann der Workshop ohne weiteres auch dort stattfinden. Eine zweite Voraussetzung muß allerdings auch erfüllt sein: eine angemessene Raumgröße und – wenn die Workshop-Arbeit auch fallweise auf kleine Gruppen aufgeteilt wird – eine entsprechende Zahl nahe gelegener Gruppenarbeitsräume. Denn es ist frustrierend, wenn man Flipcharts oder Metaplantafeln durch lange Gänge und treppauf, treppab schleppen muß.

Wenn die Möglichkeit besteht, dann sollte der Kreativ-Workshop jedoch außerhalb an einem geeigneten Tagungsort – es gibt sehr schöne kleine, in der Landschaft gelegene Hotels – stattfinden. Die Auswahl sollte freilich weniger auf der Grundlage von Speisekarte und angebotenen Freizeiteinrichtungen entschieden werden, sondern nach räumlich-technischer Zweckmäßigkeit und Atmosphäre (Bild 1.1).

Bild 1.1 Nicht alle Konferenz-Hotels bieten jene – wie hier gezeigte –
Funktionalität, die wirksame Workshop-Arbeit erfordert. Eine Besichtigung vor
der Buchung und detaillierte Absprachen mit dem zuständigen Konferenz-
manager sind empfehlenswert. (Foto: Neuland GmbH, Eichenzell)

Als sehr vorteilhaft hat sich stets erwiesen, wenn alle Teilnehmer
bereits am Vorabend des Workshops anreisten. Man kann dann in
gemütlicher Runde das Abendessen einnehmen, sich am Tisch etwas
näher kennenlernen, die Rollen für den morgigen Tag bekannt geben
– wer die Moderation übernimmt, wer die Protokollierung –, man
kann die Arbeitsziele grob umreißen und, dies wird oft gewünscht,
ausführliche Hintergrundinformationen geben. Schließlich sollte an
diesem Vorabend aber noch genügend Zeit für einen informellen Teil
bleiben, um bei einem Glas Wein oder Bier sich auch privaten Themen
zu öffnen. Befindet sich eine Kegelbahn im Hause, dann kann man
sich dort noch für eine oder zwei Stunden treffen.

Ein solcher Abend verringert die Distanz zwischen den Teilnehmern, von denen sich ja zuweilen manche noch nie vorher begegnet
sind, baut hemmende Barrieren ab, und wenn man am nächsten Tag

mit der eigentlichen Denkarbeit beginnt, dann ist im Nu eine förderliche kreative Stimmung aufgebaut.

Schließlich noch ein Wort zur Buchung eines externen Veranstaltungsortes: Vorsichtshalber sollte man sich dabei nicht alleine auf den Hausprospekt verlassen, sondern der für die Organisation des Workshops Verantwortliche sollte sich die Räumlichkeiten vor Ort ansehen und mit dem zuständigen Personal abklären, welche Arbeitsmaterialien bereitgestellt werden können und welche man selbst mitbringen muß.

Kapitel 2

DEN KREATIV-WORKSHOP INITIIEREN UND PLANEN

Grünes Licht schaffen

Im Einzelfall können es sehr unterschiedliche Stellen sein, von denen die Initiative zur Durchführung eines Workshops ausgeht. Und es besteht kein Zweifel daran, daß die Dinge um so schneller und reibungsloser in Gang kommen, je höher die hierarchische Position des Initiators ist. Ich habe schon Fälle erlebt, wo durch den Entschluß der Geschäftsleitung eine ganze Workshop-Serie quasi über Nacht gestartet wurde, aber auch solche Fälle, in denen eigentlich dringende Problemlösungskonferenzen immer wieder verschoben wurden, weil es an der erforderlichen Unterstützung durch die notwendigen Instanzen fehlte.

Letztlich ist es eine Frage des Innovationsklimas und des praktizierten Führungsstils, in welchem Maße kooperatives Problemlösen in einem Unternehmen praktiziert werden kann. Positiv in diesem Sinne klingt jedenfalls folgendes Statement:

«Der Vorgesetzte anerkennt Aufgaben und Ziele anderer Bereiche und ist bereit, ihnen alle erforderlichen Informationen zu geben. Er fördert die Zusammenarbeit innerhalb des eigenen Bereiches und mit anderen Bereichen. Er fördert ebenso die Arbeit in Arbeitsgruppen sowohl durch die eigene Mitarbeit als auch dadurch, daß er geeigneten Mitarbeitern die Teilnahme ermöglicht.»

Nun, wo solche Führungsgrundsätze – hier wurde aus jenen eines großen Unternehmens zitiert – auch tatsächlich gelebt werden, dürfte es für keinen Sachbearbeiter unüberwindliche Hürden geben, wenn er einen Kreativ-Workshop ins Leben rufen möchte. Unabhängig von möglichen Widerständen wird jedoch jeder Projektverantwortliche andere Personen im Unternehmen in sein Workshop-Vorhaben einbeziehen:

- Die Unternehmensleitung oder Bereichsleitung sowie andere Vorgesetzte werden darüber gerne unterrichtet sein, wenn nicht ohnehin deren Zustimmung (z.B. aus Budgetgründen) erforderlich ist.
- Kollegen oder Stellen, die das Thema interessiert, sollten über den geplanten Workshop informiert werden. Vielleicht können sie zur Durchführung einen Beitrag leisten oder würden gar selbst gerne aktiv mitwirken oder Mitarbeiter dazu freistellen.
- Andere Stellen können um Hilfe bei der Organisation und Abwicklung gebeten werden. In manchen Großunternehmen übernehmen Mitarbeiter der Personalentwicklung auf Anfrage die Moderation von Workshops oder stellen arbeitstechnisches Material und Räumlichkeiten zur Verfügung. Gelegentlich vermitteln solche Zentralstellen auch externe Moderatoren, empfehlen problemkundige Experten zur Teilnahme und tragen sogar einen Teil der anfallenden Kosten.

Für den Initiator eines Workshops oder einer Problemlösungskonferenz wird es vorteilhaft sein, alle erforderlichen Kontakte bezüglich Genehmigung, Information oder unterstützender Mitwirkung in einem Formular (siehe folgenden Abschnitt) festzuhalten.

Startformular

Bild 2.1 zeigt beispielhaft ausgefüllt ein solches Formular, das vom Initiator eines Workshops in der Startphase benutzt werden kann. Dieses Formular ist aktiver Programmbaustein der Software CREATIV-WORKSHOP und kann am Bildschirm ausgefüllt und auf Wunsch ausgedruckt werden.

29

Workshop-Planung: STARTFORMULAR

KWS-Thema: Neue Produkte

Plan-Termin: 30. 2. 1991   Plan-Ort: Musterstadt/Hotel am Park

Verantwortlich: Karl M. Planer, Abt. VME

G = Genehmigung erbeten   I = Information an   H = Organis. Hilfe erbeten

Name	Stelle	G/I/H	Init. am	Okay am
Dr. L. Führmann	Geschäftsleitung	G	1. 12. 90	4. 12. 90
Dr. H. Muster	L-Marketing	G	1. 12. 90	5. 12. 90
Dipl.-Ing. E. Tüftel	Zentrale Entwicklung	I	2. 12. 90	
F. Leitner	Personalentwicklung	H	8. 12. 90	8. 12. 90
Dipl.-Kfm. A. Neuling	Ass./Marketing	H	5. 12. 90	5. 12. 90
Sieglinde Klug	Marktforschung	I	2. 12. 90	
Anne Treuhand	Sekretariat VME	H	3. 12. 90	3. 12. 90

Bild 2.1   Beispiel eines «Startformulars», erstellt mit der PC-Software CREATIV-WORKSHOP

Die räumlich-technischen Voraussetzungen schaffen

Damit ein Werk ein gutes Werk werde, bedarf es bester Werkzeuge, Hilfsmittel und Arbeitsbedingungen. Dies gilt ebenso für geistige Werke, für Workshops, Ideenfindungssitzungen oder Problemlösungskonferenzen. Die notwendigen Bereitstellungen betreffen:

◻ das Präsentations- und Arbeitsmaterial,
◻ die Ausstattung der Arbeitsräume,
◻ die Verpflegung sowie
◻ die Versorgung bzw. Unterbringung der Teilnehmer.

Bei der Beschaffung der Präsentations- und Arbeitsmaterialien sind in erster Linie die Zahl der Teilnehmer, die eventuelle Bildung von Klein(st)gruppen, die angewandte Methode sowie die behandelte Problematik (z.B. Anzahl der zu lösenden Teilprobleme) und die Tiefe des Lösungsprozesses (sollen gefundene Ideen bereits im Workshop bewertet werden?) zu berücksichtigen.

Insbesondere sollte bedacht werden, wie die Aufgabenstellung möglichst anschaulich präsentiert werden kann und welche Arbeitsformulare bereits vorgefertigt werden können.

Während bei der Durchführung von Workshops im eigenen Unternehmen etwas Fehlendes meist rasch besorgt werden kann oder erzielte Zwischenergebnisse sich für die Teilnehmer per Kopierer vervielfältigen lassen, ist bei externen Veranstaltungen eine noch gründlichere Vorsorge zu empfehlen. Es ist überaus fatal, wenn ein Workshop deswegen längere Zeit unterbrochen werden muß, nur weil keine Ersatzbirne für den Tageslichtprojektor vorhanden oder der Vorrat an Flipchartpapier erschöpft ist.

Bei der Wahl der Arbeitsräume sollte vor allem die Beweglichkeit von Tischen und Stühlen, die Verfügung freier Wände (am besten mit Magnetleisten), die Größe des Raumes und – sehr wichtig! – dessen Klimatisierung bedacht werden. So schön große Glasflächen und Südseite auch immer empfunden werden mögen: Ein Sommernachmittag in einem solchen Raum kann zur argen Strapaze werden.

Findet ein Workshop extern statt, dann ist in der Regel die Speisenwahl à la carte wenig empfehlenswert – einfach deswegen, weil sich das Essen dann sehr lange hinziehen kann. Hier sollte man mit dem Hotel vorab ein Arrangement treffen und sich die Zusicherung geben lassen, daß ab dem vereinbarten Essenszeitpunkt auch zügig serviert wird. Die darüber hinausgehende Betreuung und Versorgung der Teilnehmer wird ebenso bei einem Workshop außer Haus bedeutungsvoll, aber auch dann, wenn externe Teilnehmer zur Veranstaltung anreisen.

Checkliste Materialien/Bereitstellungen

Hier folgt nun zu den zuvor genannten Punkten eine Aufstellung jener Dinge, an die man bei der Planung eines Workshops denken sollte – ohne daß damit ein Anspruch auf Vollständigkeit gegeben werden kann.

Präsentations- und Arbeitsmaterial
Flipcharts
Flipchart-Papier
Pinwände
Pinwand-Papier
Kärtchen (10 × 21 cm)
Kärtchen-Sortiment
Markierungsnadeln
Klebepunkte
Sprühkleber
Klebestifte
Krepp-Klebestreifen
Filzstifte, blau
Filzstifte, schwarz
Filzstifte, rot
Filzstifte, grün
Tageslicht-Projektor
Folienrolle
Einzelfolien
Sortiment Lumocolor-Stifte
Leinwand
Zeigestock, Lichtzeiger
Schreibblocks

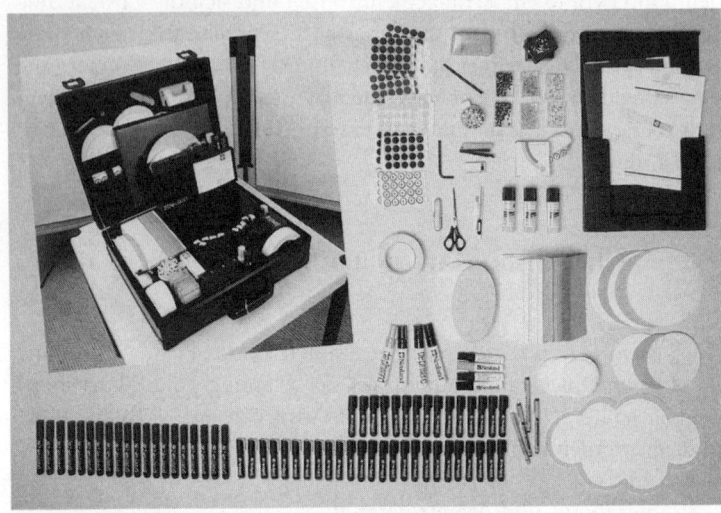

Bild 2.2 Filzstifte, Kärtchen verschiedener Formate, Klebepunkte, Nadeln und vieles anderes – im Trainer- bzw. Moderatorenkoffer sind alle nützlichen Utensilien für konsequent visualisierende Teamarbeit griffbereit gehalten. (Foto: Neuland GmbH)

Bleistifte, Kugelschreiber
Schere
Lineal
Arbeitsunterlagen (für Teilnehmer)
Aktenhefter, Ordner
Namensschilder
Moderatorenkoffer (Bild 2.2)
Diaprojektor
Tonbandgerät
Videoanlage
PC und Projection-Panel
Anschauungsmodelle
Konstruktionszeichnungen
Informationsbroschüren
Forschungsberichte

Ausstattung der Arbeitsräume
Sitzplätze Round-Table
Sitzplätze U-Form
Gruppenarbeitsräume
Abdunkelung
TV-Anschluß
Klimatisierung
Starkstromanschluß 380 V
Rednerpult
Mikrofon, Lautsprecher
Kopfhörer
Mehrfachsteckdosen

Verpflegung
Pausengetränke
Tischgetränke
Zweites Frühstück
Knabbergebäck
Mittagessen
Nachmittagskaffee
Abendessen
Spätimbiß

Versorgung der Teilnehmer
Hotelzimmer-Reservierungen
Anreisebeschreibungen
Stadtpläne
Parkplatzreservierungen
Fahrkartenbestellung
Taxi, Zubringerdienst
Verabredungen, Kontakte
Gastgeschenke
Damenprogramm

Diese Checkliste ist auch als aktiver Programmteil in die Software CREATIV-WORKSHOP aufgenommen. Dabei werden (Bild 2.3) nur solche Positionen ausgedruckt, die mit Mengenangaben versehen oder sonstwie angekreuzt worden sind. Die Liste kann individuell um weitere Punkte ergänzt werden.

M = Menge   V = Veranlaßt (J/N)   E = Erledigt (J/N)

Präsentations-/Arbeitsmaterial

M	Bezeichnung	V	E	M	Bezeichnung	V	E
4	Flipchart			100	Bogen Flipchart-Papier		
2	Pinwand			8	Bogen Pinwand-Papier		
150	Kärtchen (10 × 21) cm			200	Markierungsnadeln		
200	Klebepunkte			×	Sprühkleber		
2	Krepp-Klebestreifen			1	Tageslichtprojektor		
1	Folienrolle			15	Einzelfolien		
1	Sortiment			1	Leinwand		
	Lumocolor-Stifte			×	Arbeitsunterlagen		
14	Schreibblocks				(Teilnehmer)		
×	Namensschilder			14	Informationsbroschüren		

Ausstattung Arbeitsräume

M	Bezeichnung	V	E	M	Bezeichnung	V	E
14	Sitzplätze U-Form			1	Gruppenarbeitsräume		
×	Abdunkelung			×	TV-Anschluß		
×	Rednerpult			×	Mikrofon, Lautsprecher		
!	Tische im Plenum mobil						

Verpflegung

M	Bezeichnung	V	E	M	Bezeichnung	V	E
×	Pausengetränke			×	Tischgetränke		
15	Mittagessen			×	Nachmittags-Kaffee		
15	Abendessen						

Versorgung der Teilnehmer

M	Bezeichnung	V	E	M	Bezeichnung	V	E
15	Hotelzimmer-Reservationen			×	Anreisebeschreibungen		
×	Stadtpläne			14	Gastgeschenke		

Bild 2.3   Ausgefüllte Liste der Besorgungen für die Durchführung eines Workshops (erstellt mit der Software CREATIV-WORKSHOP)

Den Zeitbedarf kalkulieren

Der Zeit scheint eine besonders tückische Eigenschaft anzuhaften: Egal, wieviel man von ihr einplant – es ist meist dennoch zu wenig. Ich habe so gut wie nie erlebt, daß die Programmpunkte einer Tagung entschieden *vor* der angesetzten Zeit behandelt waren. Eher ist es die Regel, daß man im Tagesablauf immer häufiger mit Unruhe auf die Uhr schaut und nicht alle Themen so ausführlich durchgearbeitet werden konnten, als die Sache eigentlich erfordert hätte.

Wenn man sich mit geringer Erfahrung auf das Gebiet kreativen Problemlösens begibt, dann kann man zunächst gar nicht so recht einschätzen, welcher Zeitbedarf für welche Problemlösungsschritte eigentlich angemessen ist. Demzufolge sind manche Zeit-Schritt-Planungen etwas willkürlich. Drängt der Moderator in solchen Situationen darauf, daß zu kurz angesetzte Arbeitszeiten rigoros einzuhalten sind, dann mögen vielleicht einige Teilnehmer diese «Straffheit» begrüßen, die erzielte Ergebnisqualität jedoch wird davon beeinträchtigt.

Gerade die Phase der Präsentation, Durchdringung und exakten Definition des gestellten Problems wird häufig zu knapp, zu oberflächlich abgehandelt. Die Folge ist, daß die anschließende kreative Ideenfindung durch laufende Verständnisfragen durchlöchert wird. Wenn ein Bewertungs- und Entscheidungsprozeß unter Zeitzwang zu absolvieren ist, dann ist die Güte einer getroffenen Entscheidung zuweilen kaum besser, als wenn man sie aus dem Hut gelost hätte.

In summa gilt festzustellen, daß man in einen Kreativ-Workshop lieber einen Arbeitsschritt weniger denn einen mehr einplanen sollte. Jeder kreative Problemlösungsprozeß ist eine Reise ins Unbekannte, und erfahrungsgemäß eröffnen sich eher neue Erkundungsfelder, als daß man elegante Abkürzungen findet. Schließlich sollten bei jeder Tagesplanung ausreichende Pausen vorgesehen werden. Denken ist eine relativ anstrengende Tätigkeit – es war schon die Rede davon –, die in kürzeren Zeitabständen Erholungsphasen fordert.

Prinzipiell läßt sich ein erarbeitetes Workshop-Programm dann zeitgetreuer durchführen, wenn

☐ die Planenden (insbesondere Problemsteller und Moderator) Ablauf und Inhalte ausführlich vorbesprechen,

- die gewählte Methode probeweise vom Moderator in Ansätzen durchgespielt wird,
- die Teilnehmer mit einem Briefing vorversorgt werden,
- einzelne Arbeitsschritte strukturiert bewältigt werden können,
- sich im Team keine Teilnehmer mit gegenläufigen Interessen befinden,
- in Kleinstgruppen gearbeitet wird,
- dem Problemlösungsprozeß ein klares und eindeutiges Ziel vorangestellt werden kann,
- der Moderator in der Anwendung der vorgeschlagenen Methoden erfahren ist.

Wie auch immer ein erarbeiteter Zeitplan aussehen wird: In der Regel liegt man richtig, wenn über den als normal geschätzten Zeitbedarf hinaus etwa 25% Zeitzuschlag für «Unvorhergesehenes» einkalkuliert wird.

Formular Zeit-Schritt-Planung

Für einen fiktiven Kreativ-Workshop zum Thema «Neue Produkte» erhält Bild 2.4 eine Zeit-Schritt-Planung für das Tagesprogramm, die relativ fein aufgelöst ist.

Es wird nicht unbedingt erforderlich sein, dieses detaillierte Programm an alle Teilnehmer auszuhändigen. Für den Moderator oder Workshop-Leiter (im Beispiel ist dies Herr Karl M. Planer) ist es jedoch ein unverzichtbares Gerüst für die Steuerung des Tagesablaufs.

Das Formular in Bild 2.4 wurde mit der Software CREATIV-WORKSHOP erstellt. Die Arbeit am PC bringt dabei unter anderem den Vorzug, daß automatisch alle nachfolgenden Anfangs- und Endzeiten umgerechnet werden, wenn bei der Programmplanung der Zeitbedarf (letzte Spalte) für einen Arbeitsschritt verändert (ausgedehnt oder verkürzt) wird.

	ZEIT–SCHRITT–PLANUNG			

Kreativ-Workshop: Neue Produkte

am 30. 2. 1991   in (Ort): Musterstadt/Hotel am Park
Verantwortlich: Karl M. Planer, Abt. VME   Ruf:

AZ = Anfangszeitpunkt   EZ = Endzeitpunkt

Nr.	Zeiten	Arbeitsschritte/Inhalte des KWS	Moder./Vortrag.	Min.
1	AZ: 8:30 EZ: 9:00	Begrüßung der Teilnehmer; Einführung in Aufgabenstellung und Zielsetzung des Workshops	K. M. Planer	30
2	AZ: 9:00 EZ: 9:30	Umsatzentwicklung der Produkt- gruppen im Geschäftsjahr 1990	Dr. Pfenning	30
3	AZ: 9:30 EZ: 9:50	Nachfragetrends in den Suchfeldern A und B	S. Klug	20
4	AZ: 9:50 EZ: 10:15	Diskussionen der Schritte 2) und 3)	K. M. Planer	25
5	AZ: 10:15 EZ: 10:30	Kaffeepause		15
6	AZ: 10:30 EZ: 11:30	Brainstorming: Neue Produkte in den SF A und B. Zwei Gruppen	Dr. Berner/ A. Reger	60
7	AZ: 11:30 EZ: 13:00	Überarbeitung der Rohprotokolle in den Brainstorming-Gruppen	Dr. Berner/ A. Reger	90
8	AZ: 13:00 EZ: 14:15	Gemeinsames Mittagessen		75
9	AZ: 14:15 EZ: 15:00	Präsentation der Brainstorming- Ergebnisse vor dem Plenum	Nach Absprache der Gruppen	45
10	AZ: 15:00 EZ: 15:30	Bestimmung und Gewichtung von Bewertungskriterien	Dr. Berner	30
11	AZ: 15:30 EZ: 15:45	Grobbewertung der gefundenen Produkt- ideen durch Punkt-Klebe-Verfahren	Dr. Berner	15
12	AZ: 15:45 EZ: 16:00	Kaffeepause		15
13	AZ: 16:00 EZ: 16:15	Würdigung der Ergebnisse aus der Sicht VME	K. M. Planer	15
14	AZ: 16:15 EZ: 16:45	Erstellen eines Planes für weitere Maßnahmen	K. M. Planer	30
15	AZ: 16:45 EZ: 17:00	Erläuterung zur Nachlese von Ideen; Aushändigung von Ideen-Formularen	A. Neuling	15
16	AZ: 17:00 EZ: 17:00	Dank an die Teilnehmer und Verabschiedung; Workshop-Ende	K. M. Planer	0

Bild 2.4 Beispiel für die Planung der Arbeitsschritte in einem Workshop

Kapitel 3

DAS KREATIV-TEAM BILDEN

Die Rollen in einem Kreativ-Team

Wir beginnen beim *Problemsteller*, von dem schließlich die Initiative ausgeht, einen Kreativ-Workshop durchzuführen. Es ist sein Problem, zu dem Ideen entwickelt werden sollen, das zu lösen ist.

Als Initiator einer solchen Maßnahme wird sich der Problemsteller zunächst um einen Moderator bemühen, mit dem er das gestellte Problem inhaltlich durchspricht, damit auf guter Verständnisgrundlage geeignete Methoden ausgewählt und die «richtigen» Teilnehmer gesucht werden können.

Im Zuge der Organisation der Sitzung gehört es zu den Aufgaben des Problemstellers, ein Briefing (siehe Kapitel 4) für die Eingeladenen zu verfassen und die Präsentation des Problems vorzubereiten, mit der der spätere gemeinsame Problemlösungsprozeß im Workshop beginnen wird. Dabei wird er alle Hilfsmittel in Betracht ziehen, die das Verstehen der gestellten Aufgabe erleichtern: Übersichtsdarstellungen auf Pinwand oder Flipchart, Fotos, Dias, Konstruktionszeichnungen, Modelle, Folien oder sogar einen Videofilm.

Während des Ideenfindungsprozesses ist in fachlichen Zweifelsfragen – zum Beispiel im Hinblick auf die Zieleinhaltung – der Problemsteller die höchste Instanz, der bei Bedarf auch mit weiteren Informationen zu Problemhintergründen dient. Im übrigen wird er sich am Ideenfindungsprozeß eher zurückhaltend beteiligen, um die Gefahr zu vermeiden, die Gedankenrichtungen durch seine Fachautorität zu prägen. Vielmehr wird er den Teilnehmern signalisieren, daß ihm jede wie auch immer geartete Idee willkommen ist, und er wird sich bemühen, eingebrachte Ideenrohlinge weiterzudenken. Denn sobald der Problemsteller gegenüber geäußerten Lösungsansätzen Skepsis zeigen würde, könnte er den freien Gedankenfluß der anderen Teammitglieder hemmen und möglicherweise Denkrichtungen blockieren, in denen man fündig geworden wäre, wenn man sie nur weiterverfolgt hätte.

Der *Protokollant* – den man wie den Moderator bereits im Vorfeld der Sitzung sucht und um Übernahme dieser Funktion bittet – hat die Aufgabe, alle während der Sitzung geäußerten Ideen möglichst selbständig und vollständig festzuhalten. Auf seine Rolle wird ein wenig später noch etwas ausführlicher eingegangen. Welche Protokolltechnik er wählt, wird auch durch die angewandte Problemlösungsmethode mitbestimmt (siehe Kapitel 6).

Der *Moderator* hat im Problemlösungsprozeß eine solche Schlüsselrolle, daß wir ihm den nächsten Abschnitt widmen.

Über die Auswahl der weiteren *Teilnehmer* wurden in Kapitel 1 schon einige Richtlinien aufgezeigt. Aus der Sicht des Teilnehmers ist es besonders wichtig, sich das gestellte Problem völlig zu eigen zu machen, sich damit zu identifizieren, um aus dieser Haltung heraus das gewünschte Engagement zu entwickeln. Es ist deshalb wenig sinnvoll, einen Mitarbeiter gegen seine Überzeugung oder sein Interesse in ein Team zu delegieren. Er wird nämlich dann kaum dem Versuch widerstehen können, seine kontroverse Meinung zum Problem und Ziel zu äußern. Da alle Gedankenprozesse sehr sensible Gebilde und deswegen leicht zu stören sind, wird er wahrscheinlich den kreativen Fluß der anderen Teilnehmer spürbar beeinträchtigen.

Es ist ohne weiteres möglich, daß eine Person im Kreativ-Team zwei Rollen übernimmt, daß also beispielsweise sich der Problemsteller bereit erklärt, das Protokoll zu führen, oder daß Moderation und Protokollierung in einer Hand liegen. Es ist jedoch davon abzuraten, daß der Problemsteller zugleich als Moderator fungiert. Denn – auch ohne, daß er dies wollte – er könnte die Gedanken der Teilnehmer bevorzugt an jene Gebiete heranführen, die ihm besonders vertraut sind, das heißt an die von ihm selbst schon durchdachten Lösungsansätze. Damit würde der Problemlösungsprozeß jedoch an kreativer Vielseitigkeit verlieren.

Wer übernimmt die Moderation?

Zusammengefaßt kann man die Rolle des Moderators als die eines Katalysators, Anregers und Prozeßhelfers bezeichnen. Er wird sich in erster Linie dann vermittelnd und unterstützend einschalten, wenn ihn die Gruppe braucht, wenn also das Geschehen ein wenig aus dem Ruder gelaufen ist. Dies ist beispielsweise der Fall, wenn

- □ vereinbarte Spielregeln nicht eingehalten werden,
- □ kontroverse Diskussionen beginnen,
- □ deutlich vom Ziel abgewichen wird,
- □ das Team in kleine Cliquen zu zerfallen droht,
- □ einzelne Personen das Geschehen dominieren oder
- □ die Kommunikation so lebhaft wird, daß sie einer Regelung bedarf.

Besonders wertvoll kann ein Moderator für das Kreativ-Team dann werden, wenn es ihm gelingt, die Teilnehmer aus einseitigen Denkbahnen zu lösen und in Totpunkten den Ideenfluß wieder anzuregen. Geschick und Einfühlungsvermögen verlangt die Moderation im Hinblick auf die Dosierung der eigenen Aktivität. Hält sich der Moderator zu sehr zurück, dann kann es dem Team an Impulsen mangeln, oder der Prozeß verliert an Orientierung und Wirksamkeit. Bringt er sich zu sehr ein, dann gerät er in Gefahr, sich selbst zum Dreh- und Angelpunkt des Geschehens zu machen und den Teilnehmern das frustrierende Gefühl zu vermitteln, nur als Statisten eingeladen worden zu sein.

Unabhängig von dieser Frage sollte ein Moderator auf jeden Fall befähigt sein, das anstehende Problem fachlich zu durchdringen. Ein ausführliches Vorgespräch mit dem Problemsteller und Initiator der Kreativsitzung ist zu empfehlen, zumal aus dem daraus folgenden Verständnis von Sachlage und Zielsetzung der Moderator erst entscheiden kann, welche Problemlösungsmethode bzw. Kreativitätstechnik er als geeignete Vorgehensweise anbieten sollte.

Zwar wird man von einem Moderator erwarten, daß er in der Sache neutral genug ist, um nicht die Ansichten einzelner Teammitglieder parteilich zu befürworten oder gar fachliche Entscheidungen aus der Kraft seines Amtes zu treffen. Er sollte sich jedoch soweit in den Denkprozeß einschalten, wie es seine Rolle als Anreger eigentlich verlangt, insbesondere dann, wenn er derjenige ist, der die im Workshop angewandte Kreativitätstechnik am perfektesten beherrscht. Insgesamt ist es wünschenswert, wenn ein Moderator diese Fähigkeiten in seine Rollenausübung einbringen kann:

- ☐ fachliches Einfühlungsvermögen in die behandelte Problematik,
- ☐ Beherrschung der angewandten Problemlösungsmethoden,
- ☐ Gespür für Gefühle und Stimmungen der Teilnehmer,
- ☐ diplomatisches Geschick und Konzilianz,
- ☐ Fähigkeit, eine lockere, integrative Atmosphäre zu schaffen,
- ☐ geistige Beweglichkeit und Kreativität.

In der Praxis gehen viele Vorgesetzte davon aus, daß es zu ihren Pflichten gehört, dann jedesmal die Moderatorenrolle zu übernehmen, wenn in ihrem Verantwortungsbereich eine Kreativsitzung durchzuführen ist. Bei allem guten Willen sollte man jedoch bedenken, daß die vom Vorgesetzten-Moderator beinahe zwangsläufig ausgestrahlte Doppelautorität bei manchen Teammitgliedern so vorsichtige Zurückhaltung bewirkt, daß das erhoffte kreative Feuerwerk nicht entzündet wird. Die Besetzung der Moderatorenrolle mit einer den Teilnehmern nicht direkt vorgesetzten Person ist deshalb im Zweifel vorzuziehen.

Moderatorendatei

Tatsache ist: Ein guter Moderator kann buchstäblich Gold wert sein. Und gute Moderatoren zählen nach wie vor in den Unternehmen zur eher seltenen Spezies. Einmal, weil nicht jedem die für diese Rolle wünschenswerten Eigenschaften – wie Sensibilität, Konzilianz, Beweglichkeit, Urteilsfreiheit und natürlich eigene Kreativität – in die Wiege gelegt wurden, zum anderen, weil «Moderator» kein Fähigkeitsprofil ist, das während eines Studiums oder im beruflichen Alltag speziell entwickelt wird.

Da einem also besonders talentierte Moderatoren nicht jederzeit über den Weg laufen, sollte man solche Menschen – egal, ob man sie innerhalb oder außerhalb des eigenen Unternehmens traf – besonders gut im Gedächtnis behalten, die man als befähigte Moderatoren erlebt hat oder für solche hält. Und da eine Datei meist noch

Moderatorendatei			
Nr.	Name	Adresse, Rufnummer	Fachgebiete
1	Abel Josef Dr. rer. nat.	Prüflabor Tel. intern 21 15	Aluminiumlegierungen Metallurgie Festigkeitsprüfungen
2	Ahrendt Ursula	Marketing Tel. intern 28 90	Marktforschung Werbepsychologie Soziologie Szenariotechnik
3	Beckmann Alfons Dipl.-Ing.	Motor-Institut Am Weiher 23 9001 Prüfstadt Tel. 09001-1 23 56	Tribologie
4	Beyer Udo Dipl.-Kfm.	Abteilung VMS Tel. intern 24 42	Werbung Verkaufsförderung Großkunden Messeplanung
5	Bienstein Oskar Dipl.-Psych.	Personalentwicklung Tel. intern 29 31	Arbeitstechniken Zeitmanagement

Bild 3.1 Moderatorendatei der Software CREATIV-WORKSHOP

zuverlässiger speichert als ein gutes Gedächtnis, ist es durchaus empfehlenswert, sich eben eine derartige Moderatorendatei anzulegen, in der neben Name und Adresse auch jene Fachgebiete aufgeführt sind, die ein potentieller Moderator in besonders kundiger Weise einbringen könnte.

Die Software CREATIV-WORKSHOP enthält eine solche Moderatorendatei, in die beliebig viele Personen mit jeweils bis zu fünf von ihnen vertretenen Fachgebieten eingetragen werden können. Eine Suchfunktion ermöglicht es, zu einem eingegebenen Fachgebiet zuständige Moderatoren hervorzuheben. Wie sich diese Moderatorendatei am Bildschirm darstellt, zeigt Bild 3.1.

Wer übernimmt das Protokoll?

Gedanken sind schnellflüchtig. Was nützt also die lebendigste Ideenfindungssitzung, wenn anschließend keiner mehr so recht weiß, was alles an phantastischen Ideen geäußert worden war? Nicht viel.

Damit kommt zum Ausdruck, welche Bedeutung der Protokoll-funktion im Rahmen eines Kreativ-Workshops beizumessen ist. An die Erstellung eines Protokolls werden zwei vorrangige Forderungen gestellt:

1. Es sollte vollständig sein, das heißt *alle* Ideen ohne jede Wertung enthalten.

2. Es sollte möglichst eigenständig erfolgen, um den kreativen Ideenfluß der Workshop-Teilnehmer nicht zu unterbrechen.

Aus beiden Forderungen geht hervor, daß der Protokollant ausrei-chend viel Wissen zum behandelten Problem mitbringen muß, um allen Beiträgen der Teilnehmer verständig folgen zu können und sie korrekt in jene Verdichtungsform zu bringen, die das Protokoll verlangt. Da der Problemsteller diese Voraussetzung hervorragend erfüllt, wäre er eigentlich der ideale Protokollant. (Und er ist es auch, wenn er der Versuchung widerstehen kann, solche Ideen auszulassen, die er spontan für wenig aussichtsreich hält.)

Insbesondere bei technischen Problemen sollte der Protokollführer eine weitere Befähigung mitbringen, nämlich die, Ideen anschaulich visualisieren zu können. Damit unterstützt er das Verständnis der anderen Teammitglieder für die hervorgebrachten Lösungsansätze – eine wesentliche Voraussetzung für das Aufgreifen und Weiterden-ken, also für die Entfaltung von Synergien.

Selbstverständlich gibt der Protokollant seiner Aufgabe absoluten Vorrang. Denn sobald auch er beginnt, über die Lösung des Problems nachzudenken, kann er die Beiträge der anderen nicht mehr mit der gebotenen Aufmerksamkeit verfolgen. Gewiß, wenn im Team längere Denkpausen eintreten, dann kann auch er die Gelegenheit finden, sich aktiv an der Lösungssuche zu beteiligen.

Es ist beruhigend, das Protokoll in den Händen einer befähigten und sachkundigen Person zu wissen, wenn sich alle Teilnehmer blind darauf verlassen können, daß jeder ihrer Beiträge festgehalten wird.

Dennoch sollte der Moderator mit dem Protokollanten in Blickkontakt bleiben und den Ideenfluß der Gruppe dann verlangsamen, wenn der Protokollant in Rückstand gerät. Im Bedarfsfall wird der Moderator auch eine Zusammenfassung der letzten Gedanken anbieten.

Die verbreitetste Form der Protokollierung geschieht am Flipchart. Aber auch das Festhalten der Ideen auf Kärtchen, auf Block oder am Tageslichtprojektor ist möglich und sinnvoll. Ferner ist die Aufzeichnung der Sitzung auf Tonband zu erwägen (wenn dies auf die Teilnehmer keine Befangenheit auslöst). Dies sollte aus Sicherheitsgründen – zuweilen streikt auch die Technik – jedoch stets nur zusätzlich erfolgen und das handgeführte Protokoll lediglich im Detail ergänzen.

Zusammenstellung der Teilnehmer

Auf die ideale Besetzung des Kreativ-Teams hinsichtlich fachlicher Struktur, persönlichem Naturell und sozialen Beziehungen der Teilnehmer wurde schon hingewiesen. Somit bleibt hier noch zu beantworten, *wie viele* es denn sein sollen.

In den unzähligen Fällen praktischer Teamarbeit hat sich immer wieder gezeigt, daß aus Gründen reibungsloser Kommunikation eine interagierende Gruppe nicht mehr als sieben Teilnehmer umfassen sollte [4]. In dieser Größe ist offensichtlich noch eine Selbstorganisation durch Blickkontakte möglich, und jedem Teilnehmer verbleibt ausreichende Gelegenheit, sich nach seinen Bedürfnissen zu äußern. Sobald Gruppen größer werden, ist eine (die Spontaneität hemmende) Reglementierung der Wortmeldungen erforderlich, und man stellt fest, daß vermehrt Paralleldialoge auftauchen, daß also nicht mehr alle Teilnehmer nur einem Gedankengang folgen.

Nichtsdestoweniger können zu einem Workshop dann 15 oder gar 20 Teilnehmer eingeladen werden, wenn man sich im Plenum auf die Formulierung der zu behandelnden (Teil-)Probleme und Ergebnispräsentationen beschränkt und die eigentliche Problemlösungsarbeit in Kleingruppen vornimmt. Bei der Organisation ist dann die Reservierung der notwendigen Räumlichkeiten, die Bereitstellung ausreichender Arbeitsmaterialien und die Sorge für einen Moderator und Protokollanten je Kleingruppe zu bedenken.

Auch wenn man die Teilnehmer angemessen lange vor dem Workshop-Termin eingeladen hat, kann es immer wieder geschehen, daß der eine oder andere kurzfristig absagen muß. Es kann deshalb nützlich sein, wenn sich weitere Fachleute bereit erklären, sozusagen im «Stand-by» kurzfristig entstandene Lücken zu schließen.

Teilnehmerliste

Wie viele und welche Teilnehmer zu einem Kreativ-Workshop eingeladen werden, wird sich nach Art und Komplexität der zu behandelnden Probleme richten, ebenso nach der Auswahl der geeignet erscheinenden Methoden (siehe Kapitel 6, letzter Abschnitt) und kann eventuell durch die verfügbaren Räumlichkeiten limitiert werden. Auf jeden Fall werden sich der Problemsteller und der von ihm gewonnene Moderator zunächst einmal grundsätzlich überlegen, welche fachlichen Qualifikationen im Team vertreten sein sollten, damit eine möglichst interessante, wechselseitig anregende, schöpferische Befruchtung stattfindet. Erst dann wird man sich fragen, welche Personen konkret diese Wunschanforderungen erfüllen, um diese dann einzuladen. Zudem – wie vorhin erwähnt – wird man sich Gedanken machen, wen man bitten könnte, sich als Stellvertreter bereitzuhalten.

Diese Vorgänge organisiert die Software CREATIV-WORKSHOP mit einer aktiven Teilnehmerliste, deren Layout in Bild 3.2 zu sehen ist. Neben Namen und Adressen können darin auch die vorgesehenen Rollen kenntlich gemacht werden, und eine Ja-Nein-Statusanzeige läßt Teilnahmezusagen vermerken. Ferner ist Raum zum Eintrag von Stellvertretungen.

Da die Teilnehmerliste im Programm bis zu 999 Positionen aufnehmen kann, unterstützt sie auch die Planung und Organisation von Großkonferenzen.

	Teilnehmerliste				

Kreativ-Workshop: Neue Produkte

am: 30. 2. 1991   in (Ort): Musterstadt/Hotel am Park

Verantwortlich: Karl M. Planer, Abt. VME

A = Aufgabensteller   M = Moderator   P = Protokollant   T = Teilnehmer

Nr.	Name	Adresse, Rufnummer	A/M P/T	Okay? J/N	Stellvertretend für
1	Planer, Karl M.	Abteilung VME Tel. intern 22 24	A	J	
2	Bienstein, Oskar	Personalentwicklung Tel. intern 29 31	M	J	
3	Ahrendt, Ursula	Marketing Tel. intern 28 90	M	?	Herrn Bienstein
4	Leipolt, Franz	Anwendungstechnik Tel. intern 27 75	T	J	
5	... usw.				

Bild 3.2   Kreativ-Workshop – Auszug einer Teilnehmerliste

Expertendatei

D ominant psychologisch orientierte Vertreter der Kreativitätslehre betonen mit Nachdruck die Empfehlung, daß die Teilnehmer an einer Ideenfindungssitzung möglichst wenig von einer Problematik wissen sollten, um ja nur keinen Blockierungen aus bereits bekannten Lösungswegen zu unterliegen. Wenngleich darin ein Stück Wahrheit liegt, konnte und kann diese Auffassung – sehr zum Mißkredit kreativen Problemlösens generell – jedoch im Extrem dazu führen, daß sich tatsächlich Leute auf die Suche nach Ideen zu einer Sache begaben, von der sie fachlich weder im Tuten noch im Blasen irgendeine Ahnung hatten. Die Gefahren eines solch fröhlich-unbe-

47

kümmerten Herangehens liegen auf der Hand: Zum einen entstehen Ideen, deren Originalität alleine in der Abwegigkeit liegt, zum anderen fühlen sich die zuständigen Experten (zu Recht!) auf kränkende Weise entmündigt und werden keinen Finger krümmen, um aus dem Gewirr der Laien etwas herauszupolken, was vielleicht doch brauchbar wäre.

Natürlich verlangt innovativ-kreatives Problemlösen Offenheit und Unvoreingenommenheit, die Fähigkeit, Bekanntes in Frage zu stellen, und den Mut, gedanklich Neuland zu betreten, aus Versuch und Irrtum zu lernen. Doch um hervorragende, tragfähige neue Konzeptionen erarbeiten zu können, muß eine unverzichtbare Komponente hinzukommen: Wissen – fundiertes, elementares, breites Wissen.

Wenn man ein leistungsfähiges Kreativ-Team bilden will, dann braucht man vor allem Kenntnis darüber, was andere Menschen – vor allem die Kollegen im nahen und fernen Umfeld – wissen, worin ihre Stärken und Fähigkeiten liegen. Der Vorgang des Schöpferischen besteht oft darin, daß (Wissens-)Elemente in neue Zusammenhänge gefügt werden, die über vormals Naheliegendes hinausgehen. Und welche Elemente wahrscheinlich fruchtbar zu Neuem verschmelzen können, läßt sich aus einer gestellten Aufgabe zumindest ungefähr ableiten. Hierzu ein kleines Beispiel:

Wenn es um die Weiterentwicklung von Zündkerzen geht, dann weiß man, daß sowohl Isolierungseigenschaften wie das Wärmeverhalten eine große Rolle spielen. Beides wird in hohem Maße durch die verwendeten Werkstoffe bestimmt. Beim Zündvorgang selbst spielen physikalisch-chemische, thermodynamische Prozesse eine Rolle. Denkt man an «intelligente» Zündkerzen, dann werden Kenntnisse über die Halbleitertechnologie und Mikroprozessoren nützlich sein, und in die Herstellung von Kerzen werden auf fruchtbare Weise breite verfahrenstechnische Erfahrungen einfließen können. Auch eine Übersicht des Standes der Technik ist wichtig, aus dem durch Modifikationen und Überlagerungen sinnvolles Neues hervorgehen kann.

Aus solchen Betrachtungen erhalten wir Hinweise, wer an einem Kreativ-Workshop zum Thema Zündkerzen teilnehmen sollte, nämlich hochkarätige Werkstoff-Experten, Thermodynamiker, Halbleiterspezialisten, versierte Verfahrenstechniker sowie Forscher, Entwickler und Anwendungstechniker aus dem Gebiet der Zündkerzen selbst. Ein solches Team stellt ein Problemlösungspotential, das ganz andere Erfolgschancen hat als eine Gruppe aus Bäckern, Gärtnern, Buchhändlern und Soziologen – obwohl letztere wahrlich nicht durch langjährige Zündkerzenerfahrungen «blockiert» sind.

«Wer weiß was? Wer kann kompetent an der Lösung meiner Probleme mitwirken?» – Dies sind für den Innovator, für den Initiator eines Kreativ-Workshops bedeutsame Fragen. Es lohnt sich deshalb, eine Expertendatei anzulegen, in der wir abspeichern, welches Know-how von welchen Personen abgerufen werden kann – ein Pool von hochqualifizierten internen und externen Fachleuten, die wir bedarfsweise zu unseren Workshops einladen können.

Die Software CREATIV-WORKSHOP bietet es dem Benutzer an, sich eine solche Datei zu erstellen. Dabei wird dieselbe Maske wie bei der Moderatorendatei (siehe Bild 3.1) verwendet. Auch hier ist es möglich, über eine Suchfunktion gewünschte Fachgebiete einzugeben. Jene Experten, die diese Gebiete vertreten, werden dann automatisch an den Anfang der Datei gestellt. Ebenso wie bei der Moderatorendatei können mit dem Programm die ausgesuchten Personen direkt in die aktuelle Teilnehmerliste zu einem geplanten Workshop übertragen werden.

Kapitel 4

DIE TEILNEHMER EINLADEN

Die Inhalte der Einladung

Die Ergebnisse, die wir bei einem Kreativ-Workshop erzielen, werden so gut sein wie die Teilnehmer, die daran mitwirkten: so gut wie deren Wissen, Einstellungen und Verhaltensweisen, wie deren Kooperationsfähigkeit und Engagement. Hochkreative Menschen sind eine eher rare Spezies. Wenn wir einige von diesen für unseren Workshop gewinnen können, dann werden wir den Durchführungstermin eher nach ihren verfügbaren Zeiten ausrichten, als daß wir auf ihre Teilnahme verzichten.

Nachdem Problemsteller und Moderator die Wunschliste der Teilnehmer vollständig haben, wird man zunächst in (fern-)mündlicher Voranfrage klären, ob ein geplanter Termin von allen wahrgenommen werden kann. Ausweichtermine sollten vorüberlegt werden. Erst dann, wenn der endgültige Termin und die Zusagen feststehen, wird ein bestätigendes Anschreiben verfaßt und den Teilnehmern zugesandt. Es enthält:

1. ein Einladungsschreiben mit der Angabe von Ort und Zeit des Workshops sowie des Verteilers, insbesondere mit Benennung aller Teilnehmer,

2. eine Kurzfassung der Problemstellung, neudeutsch «Briefing». Da man ohnehin dankbar sein darf, daß sich vielbeschäftigte Kollegen die Zeit nehmen, an der Lösung eines «fremden» Problems mitzuwirken, sollte man sie nicht zusätzlich mit vorbereitenden Arbeiten verpflichten. Das Briefing dient also lediglich dazu, in knapper Form Art und Hintergrund des gestellten Problems zu umreißen. Als Teilnehmer möchte man schließlich wissen, an welcher Sache man mitwirken soll.

Das Briefing ist deswegen ausreichend, weil der Aufgabensteller ohnehin zu Beginn des Workshops die Problematik detailliert schildern wird. Dabei bleibt dann auch Zeit, vertiefende und in Einzelheiten klärende Fragen zu stellen. Ebenso ist gegenüber den Eingeladenen unmißverständlich zu erklären, daß keinerlei Vorbereitung erforderlich ist, das heißt, daß keiner sich veranlaßt fühlen sollte, sich schon vor dem Workshop Problemlösungen zu überlegen. Dies wird erst in gemeinsamer Runde geschehen.

3. Sobald man im Workshop eine weniger geläufige Kreativitätstechnik anwenden möchte, zum Beispiel das Imaginäre Brainstorming oder die TILMAG-Methode, ist es empfehlenswert, eine Methodenbeschreibung der Einladung beizufügen. Aber auch dies ist nur als Ankündigung zu betrachten, denn die gewählte Methode sollte im Workshop vor der Anwendung noch einmal ausführlich erläutert, vielleicht an einem Beispiel illustriert und gegebenenfalls begründet werden.

4. eventuell ein Formular, mit dem Vorabideen eingereicht werden können. Darauf wird ein wenig später noch einmal ausführlich Bezug genommen.

Einladungsschreiben

Natürlich können Einladungsschreiben zu einem Kreativ-Workshop sehr individuell verfaßt werden. Deshalb will das nachstehende Beispiel beileibe kein Muster sein, dem gefolgt werden sollte. Es ist eben ein Beispiel, nicht mehr. Gleiches gilt für die darauffolgende Kurzfassung einer Problemstellung.

Beispiel Einladungsschreiben:

Absender   Verteiler

Sehr geehrter Herr Denker,

für ihre mündliche Zusage, am Kreativ-Workshop

   «Entwicklungsideen zu einer neuen Oberlinie für Kühlschränke»

mitzuwirken, möchte ich Ihnen noch einmal verbindlich danken. Ort und Zeit liegen nun definitiv fest:

   Forsthotel Bruchwieser
   Am Anger 3
   1234 Oberwiesenbach, Tel. 0123-4567
   Treffpunkt: 05.02.1990, um 19:30 Uhr im Hotelfoyer.

Eine Anreiseskizze und ein Hotelprospekt liegen diesem Schreiben bei. Ein Zimmer haben wir für Sie reservieren lassen.

Bitte beachten Sie das beigefügte Informationsmaterial:

* eine kurze Zusammenfassung der Angebotssituation auf dem Markt für Kühlschränke,
* strategische Grundzüge unserer Produktpolitik auf diesem Sektor,
* Erläuterungen zur TILMAG-Methode, die wir bei der Ideenfindung einsetzen wollen.

Dieses Material ist lediglich zur Kenntnisnahme bestimmt. Bitte fühlen Sie sich in keiner Weise zu irgendeiner sachlichen Vorbereitung verpflichtet! Alle notwendigen Einzelheiten zu unserem Ideenfindungsprozeß werden im Workshop ausführlich dargelegt.

Falls Sie aber schon jetzt Ideen zu einer neuen Kühlschrank-Generation haben, dann tragen Sie diese bitte in die beigefügten Ideenformulare ein. Denn: Sollte eine Ihrer Vorabideen verwirklicht werden, dann gelten Sie als alleiniger Urheber. Sie können mir Ihre Ideenformulare entweder schon vor dem Workshop zusenden oder dorthin mitbringen.

Alle im Workshop erzielten Ideen werden den Beteiligten zu gleichen Teilen zugerechnet – eine Regelung, die sicherlich Ihre Zustimmung findet.

Anzug und Krawatte könnten bei unserem kreativen Arbeitsstil eher hinderlich sein. Deshalb wollen wir uns in legerer Kleidung treffen.

Sollten Sie noch irgendwelche Fragen haben: Sie erreichen mich oder meine Sekretärin, Frau Hanfstengel, unter den oben angegebenen Rufnummern.

Ich freue mich auf einen produktiven, kreativen Workshop und wünsche Ihnen eine gute Anreise nach Oberwiesenbach!

Mit freundlichen Grüßen

Ihr

W. Kaltenbacher

Anlagen

Kurzfassung der Problemstellung

Auch hierzu gleich ein Beispiel:

Betrifft: Kreativ-Workshop zum Thema
   «Neue Oberlinie für Kühlschränke»

I. Die Ausgangssituation

Läßt man Sondermodelle (wie mobile Kühlboxen) außer Betracht, dann besteht der Markt für Kühlschränke im wesentlichen aus

a) Einbau-Kühlschränken,
b) Stand-Kühlschränken.

In technologischer Hinsicht (Aggregate der Kälteerzeugung, Isolierung, Regelung, Abtauen) befinden sich die Hersteller in einer Pattsituation: Alle beherrschen und benutzen im Grunde dieselben Prinzipien und Verfahren. Technische Durchbrüche oder gar Basisinnovationen scheinen auf diesen Gebieten so gut wie unmöglich zu sein.

Als Ergebnis dieser technischen Austauschbarkeit hat sich ein harter Preiswettbewerb entwickelt, der die Margen extrem reduzierte.

Behaupten konnte sich in diesem Markt nur noch, wer seine Fertigung höchstgradig rationalisierte und automatisierte. Doch auch hier scheinen für die Hersteller die Grenzen des Möglichen und Machbaren nahezu erreicht.

II. Der Markt für Kühlschränke in Europa

Siehe die beigefügten Tabellen über

* die wesentlichen Anbieter und deren Marktanteile,
* die Entwicklungen der Marktanteile von 1985 – 1990,
** das Marktvolumen und die Marktsättigungsgrade in 6 europäischen
Ländern,*
* die vorherrschenden Kaufkriterien, ebenfalls nach Ländern gegliedert.

*Das Absatzvolumen und die Typenstruktur von Kühlschränken wird erheblich
beeinflußt durch*

* die Zahl der Neubauten (Häuser, Wohnungen),
* Haus- und Wohnungssanierungen und -umwidmungen,
* Haushaltsgrößen und -strukturen,
* Verzehrgewohnheiten,
** das Angebot von Lebensmitteln (insbesondere Fertiggerichten) und
Getränken, soweit diese kühl oder tiefgekühlt zu lagern sind.*

*Hierzu werden einige interessante Ergebnisse der jüngeren Marktforschung zu
Beginn des Workshops vorgestellt.*

III. Zielvorstellungen im Hinblick auf das Produktprogramm:

** allmählicher Rückzug aus dem unteren Preissegment, vor allem bei
Standgeräten,*
* eventuelle Teilverlagerung der Fertigung in iberische Länder,
** Suche nach Differenzierungsmöglichkeiten bei höherwertigen Einbau-
Kühlschränken.*

Denkmodell:
*Konzeption eines multifunktionalen Kühlzentrums (zunächst als «Oberlinie»
definiert), das gehobenen Ansprüchen an Küche/Ernährung/Bewirtung/
Wohnen der Familie gerecht wird.*

Ziel des Workshops:
Entwicklung von Ideen zu einer entsprechenden Konzeption.

Die Voraberfassung von Ideen

Bereits in Kapitel 1 wurde begründet, warum es nur recht und billig ist, daß die Ergebnisse aus einem Kreativ-Workshop den Teilnehmern zu gleichen Anteilen zugerechnet werden sollten.

Um eventuellen späteren Unstimmigkeiten vorzubeugen, sollte man sich darüber unmißverständlich mit allen Beteiligten verständigen. Dabei ist es durchaus kein Schaden, wenn man eine entsprechende Vereinbarung schriftlich festhält. Vor allem bei der Lösung technischer Probleme vermeidet man mit einer klaren Absprache mögliche nachträgliche Uneinigkeiten. Technische Probleme enthalten stets die Chance, eine patentfähige Lösung zu erzielen. Und damit stellt sich nicht nur die Frage nach der Erfinderbenennung, sondern auch nach der Erfindervergütung. Dabei wäre es ungerecht, wenn nur derjenige den Erfinderstatus für sich beansprucht, der im Gruppenprozeß den Erfindungsgedanken aussprach – ohne Rücksicht darauf, daß er schließlich durch die Beiträge der anderen erst hierzu angeregt worden ist. Denn bei alleinigem Nachdenken und ohne die Teilnahme im Workshop wäre ihm dieser Einfall wahrscheinlich nicht gekommen. Andererseits darf man nicht verlangen, daß einzelne Teilnehmer dem Team diejenigen Erfindungsgedanken schenken, die sie bereits vor dem Kreativ-Workshop hatten. Deshalb sollte man den Eingeladenen die Gelegenheit geben, diese Ideen vorab festzuhalten und als persönlich zurechenbare Vorschläge einzureichen. Wird bei der weiteren Bearbeitung des Problems eine dieser Ideen realisiert, dann gilt der Einreicher als alleiniger Urheber.

Entsteht in der Teamarbeit ein entscheidender Verbesserungsgedanke, der klar auf einem vorab eingereichten Vorschlag aufbaut, dann scheint es fair, dem ursprünglichen Ideengeber noch einen Erfindungsanteil von 50% zuzugestehen.

Die Bitte, eventuell Vorabideen einzureichen, sollte an die eingeladenen Teilnehmer nicht später als eine Woche vor dem Workshop ergehen.

Formular zur Voraberfassung von Ideen

Die Eingeladenen werden es als Erinnerung und angenehme Serviceleistung empfinden, wenn sie zusammen mit der Bitte um Voreinreichung von Ideen ein Formular erhalten, das sie dabei benutzen können (Bild 4.1). Auch die Software CREATIV-WORKSHOP enthält ein solches Formular, das bei Bedarf im Format DIN A4 ausgedruckt wird.

PROBLEM: aktive Zeile

Lösungsvorschlag (Kurztitel): ....

Urheber: .... Datum: ....

Beschreibung (ggf. Anlage beiheften):

Der Ausdruck des Formulars
erfolgt im Format DIN A4!

SCHUTZRECHTE:	Anmeldung erfolgt	Ja	Nein	Anmeldung beabsichtigt	Ja	Nein

Bild 4.1 Formular zur Voraberfassung von Ideen

Kapitel 5

DIE ABLAUFPHASEN DES KREATIV-WORKSHOPS

Die Phasen im Überblick

In Übereinstimmung mit der verbreiteten Auffassung sieht BUGDAHL im Verlauf eines Problemlösungsprozesses vier Grundphasen, die sich in weitere Einzelschritte zerlegen lassen (Bild 5.1): [6]

Es ist leicht erklärlich, daß ein Kreativ-Workshop niemals alle diese Phasen vollständig überdecken kann, denn

1. wird er erst dann initiiert, wenn ein Problem bereits identifiziert worden ist und wenn sich dieses Problem als so schwierig und bedeutungsvoll erweist, daß ein massiver Ansturm durch ein Kreativ-Team notwendig erscheint;

2. kann die Bewertung von Ideen in der Regel nicht sicher am grünen Tisch erfolgen, zumal Ideen oft nur gedankliche Rohlinge sind, die erst zu umsetzbaren Lösungsalternativen auszuarbeiten sind. Dies verlangt Schritte, die im Workshop aus personellen, technischen und zeitlichen Gründen nicht erfolgen können. Im übrigen läßt sich die Machbarkeit mancher Lösungsvorschläge erst im praktischen Versuch ermitteln.

3. Die Realisierung einer Lösung kann sich über lange Zeiträume erstrecken und verlangt die Einschaltung von Fachleuten aus verschiedensten Disziplinen.

In einem Kreativ-Workshop werden deshalb primär konzeptionelle Lösungsansätze entwickelt, grob skizzierte Ideen, wie man an das gestellte Problem herangehen könnte. Dies erfolgt prinzipiell in den Schritten:

□ Problempräsentation und -definition,

□ eventuelle Umformulierung der ursprünglichen Problemdefinition,

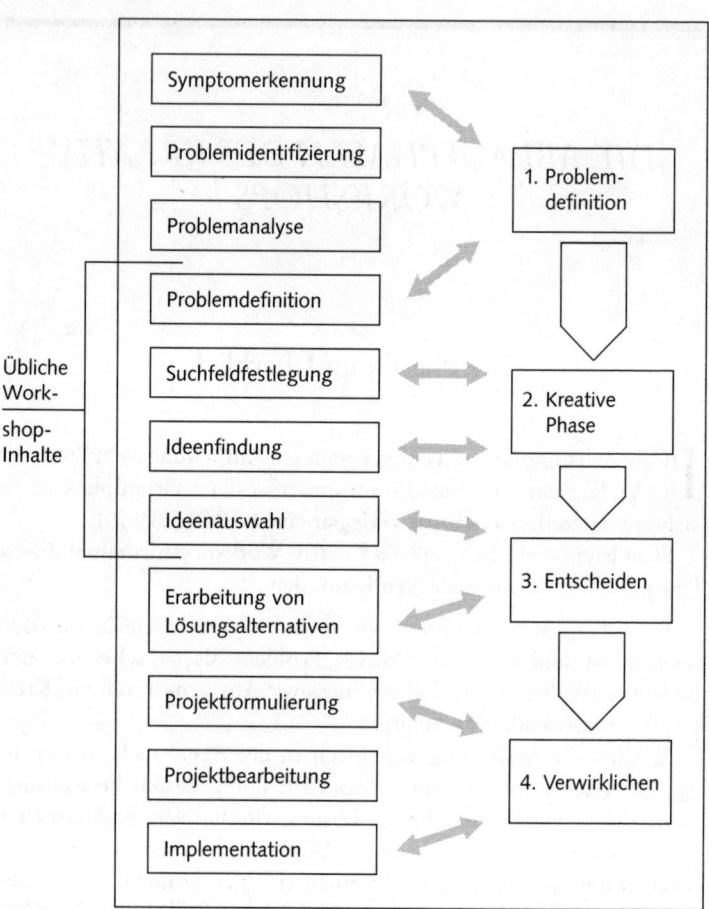

Bild 5.1 Ablaufphasen eines Problemlösungsprozesses
und übliche Workshop-Inhalte

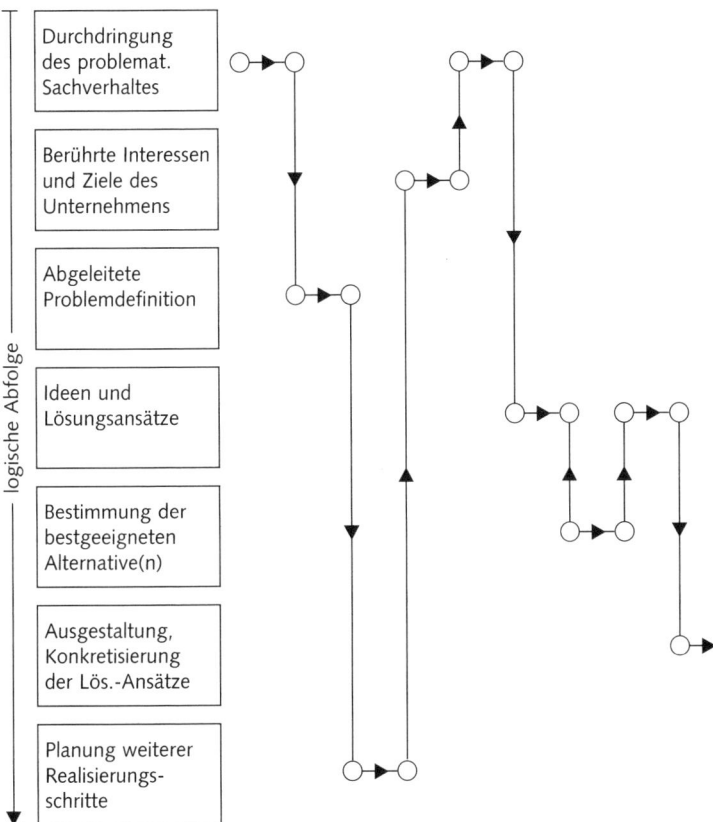

Bild 5.2   Ablauf eines chaotischen Problemlösungsprozesses

- Ideenfindung,
- Grobbeurteilung der gefundenen Ideen; Trennung von Spreu und Weizen,
- Festlegung von Maßnahmen (Wer unternimmt welche weiteren Schritte bei der Ausarbeitung von Problemlösungen und bei der Realisierung einer favorisierten Alternative?).

61

Die einzelnen Schritte eines Problemlösungsprozesses stehen in einer gewissen logischen Reihenfolge, in einem sinnfälligen Nacheinander. In Bild 5.2 sind solche Schritte aufgeführt, wobei die Bezeichnung im Hinblick auf entsprechende Phasen und Phaseninhalte von Bild 5.1 etwas modifiziert sind. Die Bezeichnungen als solche sind jedoch nicht so erheblich. Wichtig ist, daß ein gedanklicher Prozeß diesen Schritten in der Sinnfälligkeit folgt. Dies bedeutet, daß man den nächsten Phasenschritt erst dann angeht, wenn der aktuelle völlig zu Ende geführt ist. Leider wird diese Reihenfolge in vielen Konferenzen und Problemlösungsklausuren mißachtet. Die Gedanken der Teilnehmer springen vorwärts und rückwärts recht willkürlich zwischen den einzelnen Stufen hin und her.

Im Ergebnis verlieren die Teilnehmer den roten Faden, und die Gedankensprünge werden als so chaotisch empfunden, daß keiner mehr so recht weiß, worum es aktuell eigentlich geht, ob man überhaupt schon ein Zwischenresultat erzielt hat – und wenn ja, welches – und worin das Ziel der nächsten Überlegungen besteht. Das Team verliert jegliche Synergie; man befindet sich mehr im Gegeneinander als im Miteinander.

Der Moderator sollte also darauf achten, daß dem Team jederzeit bewußt ist, in welcher Prozeßphase es sich aktuell befindet, und daß die Gedanken nur auf jene Inhalte gerichtet werden, die Gegenstand dieser Phase sind. Erst wenn ein Schritt völlig behandelt ist, sollte zum logisch nächstfolgenden übergegangen werden.

Doch nun einige Anmerkungen zu den Ablaufphasen selbst.

Problempräsentation und -definition

Wir alle kennen die spürbaren Wechselwirkungen zwischen dem psychischen Wohlbefinden und der Befähigung zu denken. Aus diesem Grunde ist es sehr wichtig, im Kreativ-Workshop ein Klima zu entwickeln, das durch Offenheit, Unkompliziertheit, Lockerheit, durch gegenseitige Akzeptanz und Toleranz gekennzeichnet ist. Deshalb sollte jeder Workshop mit einer informellen Viertelstunde ungezwungener Unterhaltung begonnen werden und mit dem Angebot an alle Teilnehmer, es sich so bequem wie möglich zu machen. Der Moderator oder Aufgabensteller wird dabei sozusagen als Gastgeber fungieren und durch eigenes Verhalten signalisieren, daß eine legere und unverkrampfte Atmosphäre erwünscht ist.

Nachdem man sich nun persönlich etwas vertrauter gemacht hat, wird der Aufgabensteller bzw. Projektverantwortliche das Problem ausführlich präsentieren. Hierauf hat er sich vorbereitet und kann Skizzen am Tageslichtprojektor oder per Dia zeigen, anhand von Schautafeln, Konstruktionszeichnungen, Modellen oder an konkreten Produkten erläutern, worin Problem und Ziel bestehen.

Vor dieser Präsentation sollte der Moderator die Teilnehmer bitten, den Ausführungen des Problemstellers ohne Unterbrechung zu folgen, sich aber Fragen zu notieren, die sich aus dem Vortrag ergeben.

Ist die erste Problemvorstellung beendet, dann wird die Fragerunde eingeleitet, und der Problemsteller wird alles beantworten, was den Teilnehmern zum besseren Verständnis an weiteren Informationen notwendig erscheint. Es ist empfehlenswert, daß der Moderator die Steuerung dieser Fragerunde übernimmt.

Synergie wird sich in einem Team nur dann in der möglichen Stärke entfalten, wenn alle Teilnehmer ein scharfes – und einheitliches – Verständnis über das zu lösende Problem entwickelt haben. Um zu überprüfen, ob dies der Fall ist, kann man im Anschluß an die Problemdarstellung und -klärung die Teilnehmer bitten, ihre eigene Problemdefinition mit Filzstiften auf Papierfahnen zu formulieren. Diese individuellen Definitionen werden an der Pinwand veröffentlicht. Auf diese Weise wird das vorhandene Ausmaß an Konsens ersichtlich. Der Problemsteller kann nun die eventuell «abweichenden» Auffassungen kommentieren und notwendige weitere Erläuterungen abgeben, um restlose Übereinstimmung zu erzielen.

Die letztlich ausgewählte Problemdefinition wird in Frageform auf einen Flipchartbogen übertragen. Sie sollte während des weiteren Prozesses für alle sichtbar bleiben, um das Problem jederzeit klar im Bewußtsein zu halten.

Problem-Umdefinitionen

Eine gegebene Problemdefinition kann als Sichtweise betrachtet werden, aus der man das Problem zunächst wahrnimmt und die bestimmte Lösungsrichtungen nahelegt. In der Problemdefinition verkörpert sich gewissermaßen die Entscheidung, einen Berg von einer bestimmten Seite aus besteigen zu wollen. Sicherlich wird dies in den allermeisten Fällen auch «irgendwie» gelingen. Doch die Gefahr besteht, daß bessere Wege verkannt worden sind, die elegantere, wirksamere Lösungen angeboten hätten.

Aus diesem Grunde – und dieser Schritt erfordert wegen der geistigen Beweglichkeit durchaus Kreativität – ist es nützlich, zu Beginn eines Lösungsprozesses das Problem aus vielen Blickwinkeln zu betrachten und sich um eine möglichst große Zahl potentieller Problemdefinitionen zu bemühen.

Ein kleines Beispiel:
Die Service-Abteilung eines Unternehmens stellt fest, daß viele Gerätefehler dadurch verursacht werden, daß die Bedienungsanleitung nicht richtig gelesen oder falsch verstanden wird.

Daraus ergibt sich die vorläufige Problemstellung:
«Wie kann die Bedienungsanleitung textlich und grafisch besser, anwendergerechter, gestaltet werden?»

Überlegen wir nun kurz, was als wirkliches Ziel hinter dieser Problemstellung steckt. Es geht wohl darum, daß der Käufer eines Gerätes keine Bedienungsfehler macht, die zu Reklamationen oder anderen Störungen in den Kundenbeziehungen führen. Dieser Zusammenhang erlaubt jedoch eine Reihe anderer Sichtweisen, anderer Definitionen des Problems:

Wie können wir erreichen, daß

1. der Anwender selbst kontrollieren kann, ob er die Anleitung richtig verstanden hat?

2. sich der Anwender scheut, gleich mit dem Gerät zu «spielen», bevor er sich intensiv mit seinen Funktionen gedanklich auseinandergesetzt hat?

3. der Anwender unbedingt zuerst die Anleitung lesen *will*?

4. das Gerät ohne gründliches Studium der Anleitung gar nicht in Betrieb genommen werden *kann*?

5. das Gerät gegen mögliche Fehlbedienungen störunanfällig wird?
6. Studium der Anleitung und Erstbenutzung Hand in Hand gehen?

Aus neuen Problemsichten können völlig neue Lösungen hervorgehen. Die Formulierung 4. beispielsweise stößt die Idee an, daß das Gerät codegesichert ausgeliefert wird und daß der Kunde diesen Code nur dann entschlüsseln kann, wenn er die Bedienungsanleitung auf gründliche Weise durchgearbeitet hat.

Kreative Ideenfindung

Letztlich werden die Ergebnisse des Workshops nur so gut sein wie jene Ideen, die in der kreativen Phase entwickelt wurden. Die Entfaltung von Kreativität ist nicht nur abhängig von der Zusammensetzung der Teilnehmer und der angewandten Methode, sondern im besonderen auch von der Atmosphäre, vom Klima, das im Workshop aufzubauen ist.

Kreatives Denken verlangt die Lösung von Fixationen, den Mut, sich vom Bekannten, vom Stand der Technik lösen zu können, es verlangt ein flexibles, spielerisch-ausschweifendes Denken, einen Wechsel von Betrachtungsweisen, die Durchforstung neuer Erfahrungsfelder. Es kann hypothetische und spekulative Elemente enthalten und wird immer durch Versuch und Irrtum gekennzeichnet sein.

All dies erreichen wir nicht, wenn wir an Formalien festhalten, wenn hierarchische Rangordnungen befolgt sein wollen, wenn nur Gedanken geäußert werden dürfen, die hieb- und stichfest sind. Vielmehr ist von den konservativen Konferenzvorstellungen Abschied zu nehmen. Wir müssen eine lockere, unkomplizierte und unbekümmerte Atmosphäre schaffen, in der auch gelacht werden darf. Humor ist ein ausgesprochen fruchtbarer Boden für Kreativität und Innovation. Seien wir unbesorgt: Alleine durch Lachen wird ein Workshop nicht zur Gaudi entgleisen. Man kann sehr zielorientiert bleiben und dabei dennoch sehr gelockert sein. Beim Aufbau des angemessenen Kreativ-Klimas spielen zwei Personen eine wichtigere Rolle als andere: der Problemsteller und der Moderator.

Der Problemsteller muß den Teilnehmern glaubwürdig vermitteln, daß ihm alle, aber auch alle Gedanken, Ideen und Lösungsansätze willkommen sind. Er muß die Teilnehmer diese Einstellung erleben lassen, vor allem durch seine unvoreingenommene Bereitschaft, jeglichen Anstoß aufzugreifen und konstruktiv weiterzudenken.

Auch der Moderator sollte durch eigenes Verhalten kundtun, welcher Denk- und Arbeitsstil im Workshop willkommen ist; er wird versuchen, eine Art Vorbildfunktion auszuüben. Dabei kann er besonders überzeugend sein, wenn er sich – freilich in angemessenem Umfang und keinesfalls dominierend – mit eigenen kreativen Ideen oder kreativitätsfördernden Sichtweisen in den Prozeß der Ideenfindung einschaltet. Von einem guten Moderator wird man diese stimulierende Funktion in einem kreativen Prozeß geradezu erwarten.

Obwohl darüber hinaus sehr viele andere Ideenfindungsmethoden (siehe Kapitel 6) bereitstehen, sollte man auf jeden Fall die Brainstorming-Regeln offenlegen und die Teilnehmer bitten, diese als Verhaltensgrundlage anzunehmen. Brainstorming verkörpert das Grundelement kreativer Teamarbeit auf nahezu idealtypische Weise. Die Befolgung seiner Regeln schafft uns den gedanklichen Freiraum, der für schöpferisches Denken unverzichtbar ist.

Ideenbewertung/Entscheidung

Ideenfindungsprozesse führen in der Regel zu erst grob skizzierten Lösungs*ansätzen*. Es entstehen keine ausgereiften Konzeptionen, die man ohne weiteres im Maßstab 1:1 realisieren könnte. Bei der Ausgestaltung von Ideen zu Lösungen sind meist noch viele (und oft schwierige) Detailprobleme zu lösen, und häufig hat eine fertige Lösung mit der ursprünglichen Idee nur noch einen Kern gemeinsam – wenngleich dieser für alle weiteren Entwicklungsschritte anstoßgebend war. Da im Ideenstadium noch nicht vollends absehbar ist, wohin eine Idee zur Lösung ausreifen kann, ist es sehr schwierig, die Güte von Ideen zuverlässig auf den ersten Blick zu beurteilen. Aus diesem Grunde kann im Workshop selten eine abschließende Entscheidung darüber getroffen werden, welcher Lösungsansatz grundsätzlich zu favorisieren und weiterzuverfolgen ist.

Doch noch andere Gründe sprechen dafür, daß Bewertungs- und Entscheidungsprozesse im Workshop mit besonderer Zurückhaltung durchgeführt werden sollten:

1. Bei vielen technischen (aber auch nichttechnischen) Problemen kann die Tragfähigkeit von Ideen nur durch praktische Versuche oder (z.B. im Hinblick auf die Patentfähigkeit) durch weitere Recherchen ermittelt werden. Im Rahmen eines Workshops sind dafür weder die Einrichtungen noch die Zeit vorhanden.

2. Spontane Entscheidungen können durch Stimmungslagen verfälscht werden. Es kann leicht passieren, daß ein Team von einer gefundenen Idee so begeistert ist, daß man nur noch deren augenscheinlichen Vorzüge sieht und die Schwachpunkte nicht mehr wahrnehmen kann oder gar nicht mehr wahrnehmen will.

3. Wegen des sehr unterschiedlichen Grades an unmittelbarer Fachkenntnis – schließlich sind die im Workshop Anwesenden Experten aus den verschiedensten Gebieten – werden manche Teilnehmer gar nicht in der Lage sein, die Güte von Ideen (selbst der eigenen) kompetent einzuschätzen. Das ideale Ideenfindungs-Team ist also mit dem idealen Bewerter-Team keineswegs identisch. Zumindest ist eine solche Übereinstimmung eher die Ausnahme denn die Regel. Bei solchen Gegebenheiten hüte man sich insbesondere vor «demokratischen» Abstimmungsmodalitäten. Denn ein einziger Fachmann kann einen Sachverhalt richtiger beurteilen als eine Schar von Laien, und seien diese noch so zahlreich.

4. Auch die Vielfalt aller auf ein Problem und die Realisierung einer Lösung einwirkenden Hintergründe ist den meisten Workshop-Teilnehmern nicht vollständig bekannt. Sie wären damit genötigt, Entscheidungen «unter Unsicherheit» zu treffen, was im Sinne der Sache kaum vertretbar wäre.

Bewertungen und Entscheidungen sollten in Workshops nur in der Art grober Sichtungen durchgeführt werden, um die klar erkennbare Spreu vom klar erkennbaren Weizen zu trennen. Dafür stehen recht einfache und leicht anwendbare Bewertungshilfen zur Verfügung, von denen die gängigsten in Kapitel 7 (Grob-Evaluierung) zusammengefaßt sind [7; 8].

Weitergehende Untersuchungen der gefundenen Ergebnisse und die endgültige Entscheidung darüber, welcher Lösungsansatz zur Realisierung geführt werden soll, wird der Problemsteller nach dem Workshop im Kreise seiner Fachkollegen vornehmen.

Maßnahmen treffen

Zum Ende eines jeden Kreativ-Workshops sollte eine Würdigung der erzielten Ergebnisse erfolgen, was zum Beispiel in der obengenannten Trennung von Spreu und Weizen zum Ausdruck kommt. Darüber hinaus wird der Problemsteller in einem kurzen Resümee versuchen zu erläutern, welchen nützlichen Beitrag er in den erarbeiteten Ideen und Lösungsansätzen zur weiteren Bewältigung seines Problems erkennt.

Dem kann sich ein Ausblick auf den vermutlichen Fortgang seines Projektes anschließen. Falls ein größerer Kreis der Workshop-Teilnehmer dabei engagiert sein wird, ist es zweckmäßig, die nächsten, als sinnfällig erkannten Schritte in einem Maßnahmenplan festzuhalten. Die Software CREATIV-WORKSHOP enthält einen solchen Plan als aktiven Programmteil (siehe auch Bild 8.1).

In die nachfolgenden Maßnahmen können nicht nur Personen aus der unmittelbaren Problemnähe einbezogen sein, sondern auch der eine oder andere eher fachfremde Teilnehmer, indem er beispielsweise die Ausgestaltung eines eigenen Vorschlags übernimmt oder in seinem Fachbereich etwas recherchiert, das als fruchtbare Information in den Problemlösungsprozeß einfließen kann.

Vielleicht muß am Ende eines Workshops auch einmal konstatiert werden, daß der erhoffte «Durchbruch» zur Lösung des Problems nicht erfolgt ist. Betrachten Sie ein solches Ergebnis jedoch niemals als ein Versagen des Teams! Es gibt genügend Probleme, über die hochkarätige Experten jahrelang ohne brauchbare Resultate nachdachten und forschten. Entscheiden Sie sich daher für die Einberufung eines weiteren Workshops, um mit anderen Methoden und einem (wenigstens teilweise) anders besetzten Team das Problem noch einmal zu attackieren – und, falls nötig, ein drittes Mal.

Auch der Austausch von Teammitgliedern erfolgt natürlich nicht aufgrund einer Geringschätzung der Kreativität der Ausgeschiedenen. Andere Menschen verfügen eben einfach über andere Sichtweisen und andere Erfahrungen – und vielleicht kann daraus die erwünschte innovative Lösung entstehen. Jeder neue Workshop bietet eine neue Chance. Und sollten bis zu dessen Termin andere Experten das Problem inzwischen exzellent gelöst haben, dann kann man ja auf die Durchführung verzichten.

Kapitel 6

KREATIVE IDEENFINDUNG

Allgemeine Hinweise

Bis in die späten 50er Jahre war das Phänomen Kreativität eine von den Geisteswissenschaften wenig beachtete menschliche Fähigkeit. In erster Linie dem Schaffensbereich der Kunst zugeordnet, galt sie quasi als ein Attribut des Genies, das diesem offensichtlich von Geburt an verliehen war. Entweder man war auf natürliche Weise kreativ oder man war es halt nicht.

Das Interesse gegenüber Kreativität änderte sich in den USA schlagartig mit dem sogenannten Sputnick-Schock. In der Absicht, mehr über die Natur von Erfindungsprozessen zu erfahren, etablierte sich rasch eine breit angelegte Kreativitätsforschung, deren Erkundungsziele im Wesen des kreativen Menschen, in Einflußfaktoren auf die Entfaltung von Kreativität, im Ablauf kreativer Denkprozesse und in Möglichkeiten der persönlichen Entwicklung kreativer Fähigkeiten bestanden. Schon bald konnte die Erkenntnis als gesichert gelten, daß jeder Mensch seine eigene Kreativität signifikant steigern kann, wenn er sich für bestimmte innere und äußere Abläufe und Gegebenheiten sensibilisiert. Ebenso wurde bewußt, daß ein Team ein enormer Kreativitätsverstärker ist, wenn sich die Teammitglieder an bestimmten Einstellungen und Verhaltensweisen orientieren. Das damals schon bekannte Brainstorming erfuhr damit eine wissenschaftlich begründete Aufwertung.

Hervorragende Forscherpersönlichkeiten, wie GUILFORD, PRINCE, GORDON, PARNES und andere, schufen jenes Grundlagenwissen, das nun in erfindungsfördernde Denkmethoden einfloß, die wir heute als Kreativitätstechniken bezeichnen. Dabei ist durchaus bemerkenswert, daß auch in Deutschland – vorrangig am Frankfurter Battelle-Institut, an dem der Verfasser in jener Zeit auf diesem Gebiet als

Pionier tätig war – eine eigenständige Methodenentwicklung stattfand, in der – um nur zwei Beispiele zu nennen – das Imaginäre Brainstorming und die TILMAG-Methode ausreiften.

Das im deutschen Sprachraum bekannte Instrumentarium von Kreativitätstechniken dürfte gegenwärtig um die 100 Methoden umfassen, von denen sich allerdings nur etwa zwei Dutzend deutlicher gegenseitig unterscheiden. Alle anderen sind Spielarten, die praktisch wenig Bedeutung erlangt haben.

Während manche einfachere Methoden (die auf das schöpferische Denken jedoch geringen Einfluß nehmen, wie die Kärtchentechnik oder die Methode 635) sozusagen aus dem Stand praktiziert werden können, verlangen andere eine gründlichere Kenntnis und hohe Bereitschaft, die angebotenen Denkmechanismen auch annehmen zu wollen. Bei ihnen wächst der Erfolg mit der Zahl der gemachten Anwendungsfälle. Gerade diese Methoden bedürfen in der Lernphase eines erfahrenen Moderators.

Die hier – ebenso wie in der Software CREATIV-WORKSHOP – aufgeführten 12 Kreativitätstechniken (bzw. Methoden zur Ideenfindung; eine gleichbedeutende Bezeichnung) stellen die Grundinstrumente dar, mit denen eine große Bandbreite der in der Unternehmenspraxis auftretenden Innovationsprobleme erfolgreich gelöst werden können. Entsprechende Hinweise erfolgen in Kapitel 6.

Die Methoden sind hier, eher in Form eines Kompendiums, relativ knapp gezeichnet. Deshalb mag fallweise das Studium vertiefender Literatur oder der Besuch einer Seminarveranstaltung nützlich sein. [4]

Weiterhin Wissenswertes über Kreativitätstechniken, deren Wirkmechanismen und Anwendungsbesonderheiten findet sich im Anhang.

Brainstorming

Dieser «Klassiker» unter allen Methoden zur Ideenfindung wurde bereits in den späten 40er Jahren von dem amerikanischen Werbefachmann ALEX OSBORN entwickelt mit der Absicht, Teamregeln aufzustellen, die die für Gruppenarbeit oftmals typischen Kommunikations- und Kooperationskonflikte ausschalten und die für Kreativitätsentfaltung erforderlichen Denkfreiräume schaffen. Dabei richten die Teilnehmer ihr Problemlösungsverhalten an folgenden vier Grundregeln aus:

1. Jegliche sachlichen (und erst recht persönlichen) Wertungen sollten unterbleiben. Die Phase der Ideenfindung wird also konsequent von der Ideenbewertung getrennt.

2. Alle Teilnehmer sollten die innere Bereitschaft haben, Ideen der anderen aufzugreifen und weiterzuentwickeln (Synergieeffekt!).

3. Freie Phantasie! Alle Ideen sind willkommen. Auch hypothetisches, spekulatives Denken ist erwünscht: Wer zu Neuem gelangen will, muß bereit sein, eingetretene Pfade zu verlassen.

4. Möglichst viele Ideen entwickeln! Dann werden mit großer Wahrscheinlichkeit auch einige sehr gute, neue darunter sein.

Brainstorming ist die prototypische Verkörperung kreativer Ideenfindung im Team. Seine Regeln sollten begleitend auch für alle anderen Kreativitätstechniken gelten.

Ebenso können Aussagen über das ideale Brainstorming-Team für die Bildung von Kreativ-Teams schlechthin übernommen werden. Es besteht aus insgesamt maximal 8 Teilnehmern, die unterschiedliche (aber zum Problem Brücken bildende) Erfahrungsbereiche vertreten, die auf ihren Gebieten hochqualifiziert und hierarchisch möglichst homogen sind (vgl. Kapitel 1). Als besondere Rollen finden wir im Brainstorming:

- ☐ Aufgabensteller,
- ☐ Moderator,
- ☐ Protokollant.

Aufgabensteller und Moderator können sich aktiv an der Ideenfindung beteiligen. Der Protokollant sollte seiner Funktion – *alle* Ideen selbständig festhalten – absoluten Vorrang geben. Er kann dazu

71

Bild 6.1 Die Mitschrift auf Flipcharts ist die verbreitetste Form, in der beim Brainstorming alle genannten Ideen festgehalten werden. In «Totpunkten» kann der Moderator auf diese Ideen zurückgreifen, um daraus Varianten oder Kombinationslösungen bei den Teilnehmern anzuregen. (Foto: Th. Fischer)

Flipchart (Bild 6.1), Block oder Tageslichtprojektor verwenden. Parallel dazu kann die Sitzung auf Tonband aufgezeichnet werden.

Vor allem bei technischen Problemen sollte den Teilnehmern ausreichende Zeichenfläche (Pinwand, Wandtafel, Flipchart) zur Verfügung stehen, auf der sie ihre Gedanken gegebenenfalls visualisieren können.

Die Dauer eines Brainstormings orientiert sich am Ideenfluß. Im Durchschnitt können 45 bis 60 Minuten angesetzt werden, wobei erhebliche Abweichungen (je nach Problem und Produktivität der Teilnehmer) nach oben und unten auftreten können.

Das eigentliche Brainstorming produziert «Rohideen». Es empfiehlt sich, nach dem Brainstorming und einer Pause diese Rohlinge in konkreteren Details auszuarbeiten. Der Zeitbedarf hierfür kann noch einmal die 1- bis 3fache Brainstorming-Dauer betragen.

Destruktiv-konstruktives Brainstorming

Diese Brainstorming-Variante ist insbesondere für die Verbesserung bereits bestehender Lösungen, vor allem von Produkten, geeignet. Der Ablauf geschieht in diesen Phasen:

Vorphase:
Präsentation des betreffenden Sachverhaltes (Fertigungsprozeß, Produkt, Verpackung, Vertriebssystem, ...), Schilderung des Anlasses für die Neugestaltung bzw. Überarbeitung (z.B. Kostensituation, neue Produktgeneration oder Oberlinie entwickeln, bestehende Wettbewerbsnachteile) und Formulierung der zu erreichenden Ziele.

Phase I:
Auflistung aller Mängel und Schwachstellen des vorgegebenen Gegenstandes oder Sachverhaltes. In dieser Phase sollten Diskussionen darüber vermieden werden, ob ein Mangel oder eine Schwachstelle der derzeitigen Lösung berechtigt vorgebracht worden ist.

Phase II:
Suche nach Verbesserungsmöglichkeiten zu allen aufgelisteten Mängeln und Schwachstellen. In Phase II gelten konsequent die Brainstorming-Regeln.

Die Teilnehmer an einem destruktiv-konstruktiven Brainstorming sollten so ausgewählt sein, daß sie in der Lage sind, die zu behandelnde Problemstellung und alle damit verbundenen Zusammenhänge mit ausreichender Klarheit analytisch zu durchdringen.

Imaginäres Brainstorming

Hierbei handelt es sich um eine sehr interessante Brainstorming-Spielart, die uns durch einen kleinen «Trick» dazu verhilft, eingefahrene Lösungsmuster aufzubrechen und die Breite und Vielfalt sowie die Originalität von Ideen zu erhöhen. Dieser Trick besteht darin, daß man das ursprüngliche Problem zunächst in ein «imaginäres» Problem umwandelt, indem irgendeine reale Problemgegebenheit durch eine fiktive Annahme ersetzt wird. Daraufhin werden –

nach den Brainstorming-Regeln – Ideen gesucht, wie man das fiktive, imaginäre Problem lösen würde. Dies führt dazu, daß man zwangsläufig über die bisher gesetzten Grenzen hinaus denkt. Im letzten Schritt werden die «imaginären Ideen» daraufhin untersucht, ob sie

□ unmittelbar auch als Realideen tauglich sein könnten oder ob sie
□ Denkelemente enthalten, die zu (überraschenden) neuen Ideen Anstoß geben können oder neue Lösungsrichtungen provozieren.

Dem Imaginären Brainstorming sollte stets ein klassisches Brainstorming (siehe dort) vorausgehen.

Zur Veranschaulichung ein kleines Beispiel:

Problem:
Was können wir tun, damit unsere Mitarbeiter in höherem Maße Personalcomputer als Arbeitshilfe akzeptieren und bereit sind, den Umgang damit zu erlernen?

□ Brainstorming: Als spontane Ideen stellen sich u.a. ein ...
  – gründliche Schulung,
  – Arbeitserleichterungen deutlich hervorheben,
  – Möglichkeit eröffnen, den neuen Computer-Arbeitsplatz selbst mitzugestalten,
  – Plakate aufhängen: Der PC ist im Trend,
  – Computerspiele, um Hemmschwellen zu überwinden,
  – Investitionszuschuß bei der Anschaffung eines privaten PC,
  – Laptops ausleihen, damit zu Hause geübt werden kann,
  – «Hotline» zu PC-Experten einrichten,
  – den «PC-Führerschein» verleihen
  – ... usw.

□ Auflistung der wesentlichen Problemgegebenheiten und von Vorschlägen für die Formulierung imaginärer Probleme

Wesentliche Gegebenheiten der Problemsituation sind:	*Könnte durch folgende fiktive Annahme ersetzt werden:*
Bei dem zu akzeptierenden Gegenstand handelt es sich um **Personalcomputer**.	– Staubsauger – Pappnase – Keyboard

Es sind **unsere Mitarbeiter**,
die wir an PCs heranführen
möchten.

– Außerirdische
– Mitglieder einer Sekte
– Filmschauspieler

Mit «Pappnase» wird eine relativ skurrile Verfremdung ausgewählt. Damit ergibt sich das folgende imaginäre Problem:

☐ Wie können wir unsere Mitarbeiter dazu bewegen, während der Arbeitszeit Pappnasen zu tragen? (P_i)

Ideen zu P_i (nach Brainstorming-Regeln):
a) Club der Pappnasen-Träger gründen
b) Karneval als günstigen Einführungszeitpunkt wählen
c) Führungskräfte müssen mit dem Pappnasentragen beginnen
d) Image der «Supernasen» aufbauen
e) Langjährige Träger erhalten als Auszeichnung die Goldene Nase
f) ... usw.

☐ Übertragung der imaginären Ideen auf das Realproblem:
aus a):
Gründung eines internen PC-Clubs mit regelmäßigen Anwendertreffen. Die Mitglieder erhalten Clubkarten, die zum Bezug besonderer Informationen berechtigen.
aus b):
Die PC-Einführungswerbung dann starten, wenn die allgemeine Arbeitsbelastung sehr hoch ist und man deshalb für Rationalisierungshilfen besonders aufgeschlossen ist.
aus c):
Alle Führungskräfte sollten sich ebenfalls in die PC-Anwendung einarbeiten und ihren Mitarbeitern darin aktive Unterstützung geben können.
aus d):
PC-Anwender positiv hervorheben; sie gelten als besonders clever und dürfen spezielle Buttons mit Aufschriften tragen, wie «I like Bytes» oder «Smart by PC».
aus e):
Für erfolgreiche Absolventen von PC-Grundkursen werden auf Unternehmenskosten Gratulationsparties veranstaltet.

Kärtchentechnik

Wie die anschließend geschilderten Methoden 635 und Brainwriting-Pool zählt die Kärtchentechnik zu den sogenannten Brainwriting-Methoden. Diese Bezeichnung signalisiert, daß man sich an die Brainstorming-Regeln anlehnen will, daß die Teilnehmer jedoch Ideen nicht aussprechen, sondern schriftlich niederlegen (Bild 6.2).

Brainwriting-Methoden sind besonders unanfällig gegen Störungen, da in der Ideenfindungsphase keine Wortbeiträge erfolgen, und verhindern damit vorzeitige Kritik und Ideenbewertung – ein besonderer Vorzug dieser Verfahren. Dafür ist der Ideenfindungsprozeß weniger anregend, spontan und kreativ.

Bild 6.2 Das Arbeiten mit Ideenkärtchen bewirkt Produktivität durch wechselseitige Anregung und gezielte Gedankenführung durch konsequente Visualisierung. Das Medieum unterstützt die Zusammenfassung und Ordnung aller hervorgebrachten Beiträge und bereitet Bewertungs- und Entscheidungsprozesse vor. (Foto: Studio Hensel, Wuppertal)

Bei der Kärtchentechnik benötigt man als Material:
1 bis 3 Pinwände, mit Packpapier bespannt, Stecknadeln oder Sprühkleber, ca. 100 Kärtchen 10 × 21 cm und für jeden Teilnehmer einen kräftigen Filzstift mit 3 bis 5 mm Schreibbreite.

Nachdem das Problem definiert ist, schreiben die Teilnehmer jeweils eine Idee (maximal drei Zeilen) in Druckschrift auf ein Kärtchen. Die Kärtchen werden vom Moderator laufend eingesammelt und auf die Pinwand gebracht. Die nun für alle sichtbar gewordenen Ideen können bei den Teilnehmern weitere Ideen auslösen.

Die Dauer des Ideenfindungsprozesses richtet sich nach dem Kärtchenfluß. Im Durchschnitt kann man 30 Minuten veranschlagen.

Zur Unterstützung einer möglichen nachfolgenden Bewertung und Entscheidung können die Kärtchen auf den Pinwänden nach sinnfälligen Kriterien geordnet werden.

Protokoll:
Kärtchen in gewünschter Reihenfolge einsammeln und/oder Dokumentation mit Sofortbild-Kamera.

Methode 635

Hinter den Zahlen 635 verbirgt sich ein schriftliches Verfahren der Ideengewinnung, bei dem 6 Teilnehmer auf einfach zu erstellende Formulare (Aufbau: 3 Spalten, 6 Zeilen) jeweils zeilenweise 3 Ideen in etwa 5 Minuten niederschreiben. Die Formulare werden reihum so lange weitergegeben, bis auch die letzten Zeilen mit Ideen gefüllt sind.

Wie beim Brainstorming sollen sich die Teilnehmer wechselseitig anregen (Überlesen der Vorgängerideen); sie können und sollen an den Ideen anderer anknüpfen, diese ausbauen, variieren, weiterentwickeln.

Die Methode 635 stellt an den Anwender keine hohen Anforderungen und kann recht gut als Einstiegsmethode in kreative Ideenfindung dienen. Ihr großer Vorzug liegt darin, daß sie keiner besonderen Moderation bedarf und daß die Schriftform der Ideenfindung mögliche Gruppenkonflikte von vornherein ausschließt.

Im Idealfall ergeben sich bei der Anwendung der Methode 635 insgesamt 108 (= 6 × 18) Ideen. Im Realfall sind es jedoch wegen

Datum: 29. Februar 1988	Blatt-Nr. 4	
Notrufschilder, die an Fenstern gestellt werden können	Rufanlagen zur Nachbarwohnung	Herde mit Zeitausschalter
Zusätzlich anbringbare Haltegriffe	Telefon mit programmierter Notruftaste zur Polizei	Türsicherungen
Rutschfeste Bodenbeläge	Tafeln, um Gebrauchsanweisungen für Geräte sichtbar anzubringen	Nachrüstbare Fensterklappen für Wohnungstüren
Einfach zu bedienende, aber zuverlässige Safes	Alarmsirenen, die im Notfall selbst ausgelöst werden können	Niederwandige Badewannen
Dämmerbeleuchtung (Glimmlampen) als Nachtlichter	Besonders stabile Trittleitern	Zentral angebrachte Kontrolle, die den Betrieb elektrischer Geräte anzeigt
Hilfeleuchten an der Außenseite von Haus oder Türe (ähnlich vor Krankenzimmern)	Bett-Telefone	Weckuhren, die auf den Einnahmerhythmus von Medikamenten einstellbar sind

Bild 6.3   Ausgefülltes 635-Formular

häufiger Doppelnennungen und auftretender Leerfelder (in den späteren Runden findet man oft keine drei Ideen mehr in der verfügbaren Zeit) deutlich weniger.

Bild 6.3 zeigt ein ausgefülltes Formblatt aus einer 635-Runde zum Problem: «Mit welchen Produkten, Einrichtungen usw. kann man den (sozialen) Ängsten älterer Menschen im Wohnbereich entgegenwirken?» [4]

In der Software CREATIV-WORKSHOP ist ein Leerformular zur Methode 635 enthalten, in das man am Bildschirm das zu behandelnde Problem eintragen kann. Der Ausdruck zur praktischen Arbeit erfolgt im Format DIN A4.

Brainwriting-Pool

Da bei der Methode 635 von jedem Teilnehmer ein bestimmtes Quantum an Ideen mehr oder weniger gefordert wird, kann sich ein unangenehm empfundener Leistungsstreß aufbauen. Als alternative Vorgehensweise löst sich der Brainwriting-Pool vom starren Rotationsrhythmus der Methode 635 und ermöglicht den Beteiligten eine individuelle Ideenproduktion. Die Zahl der Teilnehmer kann nun auch zwischen fünf und acht schwanken.

Bereits zu Beginn der Ideenfindung liegen in der Mitte des Tisches – im Pool – ein oder zwei Formulare, die bereits mehrere Lösungsansätze enthalten, die der Problemsteller im Vorhinein als anregende Beispiele entworfen hat. Alle Teilnehmer tragen nun in je ein eigenes Leerformular ihre Ideen zum Problem ein, wobei es jedem offensteht, wie viele Ideen er in welcher Zeit niederlegt. Bemerkt ein Teilnehmer, daß sein Ideenfluß nachläßt, tauscht er sein Blatt mit einem Formular im Pool aus. Nun kann er sich durch die für ihn neuen Vorschläge anregen lassen, diese erweitern oder ergänzen. In gleicher Weise kann jeder Teilnehmer zu jeder Zeit sein gerade bearbeitetes Formular mit einem Formular aus dem Brainwriting-Pool auswechseln.

Leerformulare sind für den Fall bereitzuhalten, daß die anfangs ausgehändigten Formulare komplett ausgefüllt sind. Erfahrungsgemäß sammeln sich im Laufe der Sitzung immer mehr ausgefüllte Blätter im Pool an, so daß sich Möglichkeiten zum Austausch und zur Anregung für jeden Teilnehmer in immer kürzeren Abständen ergeben.

Damit jeder Teilnehmer erkennen kann, ob das augenblicklich im Pool befindliche Formular schon von ihm bearbeitet wurde, sind verschieden eingefärbte oder mit großen Zahlen gekennzeichnete Formulare von Vorteil.

Die beim Brainwriting-Pool benutzten Formulare bestehen einfach aus einem DIN-A4-Blatt, das in etwa 8 Zeilen aufgeteilt ist. Es wäre jedoch ebenso möglich, die Formulare der Methode 635 zu verwenden, deren Felder nun nach Belieben ausgefüllt werden können.

Dauer: Im Durchschnitt 30 bis 45 Minuten. Der Moderator erfragt den sinnfälligen Zeitpunkt des Abbruchs bei den Teilnehmern.

Reizwortanalyse

Der Ungar BIRO empfing völlig unvermittelt den Erfindungsgedanken zum Kugelschreiber, als er sah, wie Kinder mit einem nassen Ball auf einer Asphaltfläche Fußball spielten und der Ball eine dünne Wasserspur hinterließ. Dieser Vorgang – der mit «Schreiben» in keinerlei Zusammenhang steht – gab den Anstoß, den Anreiz zu seiner bedeutungsvollen Innovation.

Die Reizwortanalyse will ebenfalls zufallhaft neue Ideen und Erfindungen nach diesem Prinzip provozieren. Völlig aufs Geratewohl gesuchte Begriffe (Telefon, Rasenmäher, Kirmes, Hochzeitsfeier, Tulpe, ...) werden mit dem gestellten Problem als «Reizwörter» in Verbindung gebracht. Diese Reizwörter werden auf ihre enthaltenen Funktionen, Prinzipien, Gestaltmerkmale usw. hin untersucht (analysiert), und es wird geprüft, inwieweit daraus Lösungsansätze entwickelt werden können.

Als vielfach besonders interessant erwiesen sich Reizwörter oder -begriffe aus der Natur (Bild 6.4).

Zu beachten ist, daß bei technischen Problemen die Reizwörter auf jeden Fall gegenständlicher Art sein sollten. Bei nichttechnischen Problemen (z.B. werbliche Ansprache von Kunden) sind sinnhafte Reizwörter (Ehevertrag, Advent, Wahlparty, Beförderung, ...) zu bevorzugen.

Zufallsmechanismen der Reizwortfindung sind zum Beispiel willkürliches Aufschlagen eines Wörterbuches («erster Gegenstand von links oben an») oder eines Kataloges, oder man läßt die Teilnehmer an der Kreativsitzung vor der Behandlung des Problems aufs Geratewohl einige beliebige Gegenstände aufzählen.

Die Reizwortanalyse verkörpert in elementarer Form die typischste Operation schöpferischen Denkens, nämlich die Verschmelzung unterschiedlicher, voneinander unabhängiger Wissenselemente zu neuen Gestalten. ARTHUR KOESTLER prägte hierzu den treffenden Begriff «Bisoziation» (bi = zwei). Dieser Kopplungsvorgang wird auch durch das griechische Verbum «synechein» ausgedrückt. Wir können deshalb die Reizwortanalyse zur Gruppe der *synektischen* Methoden zählen.

Bei der Anwendung der Methode dürfen wir freilich nicht erwarten, daß *jedes* Reizwort oder gar jedes Merkmal eines Reizwortes

Bild 6.4 Hier versucht eine Kleingruppe den kreativen Prozeß mit Hilfe der
Reizwortanalyse zu stimulieren. Kann die Betrachtung einer Eßkastanie
innovative Lösungen zum Problem «Aufprallschutz» bei Pkws provozieren?
(Foto: Th. Fischer)

(-begriffes) zum gegebenen Problem eine Idee provoziert. Es kann
durchaus sein, daß mehrere Einkopplungsversuche ohne Ergebnis
bleiben.

Unser Verstand vermag jedoch in sehr kurzer Zeit sehr viele
gedankliche Übertragungen zu vollziehen. Deshalb können sich
selbst dann bereits bemerkenswerte Ideen-Erfolge einstellen, wenn
sich nur aus jedem zwanzigsten Versuch einer Strukturübertragung
vom Reizwort auf das Problem ein gedanklicher Lösungsanstoß
ergibt.

Obwohl das zufallhafte Element bei der Reizwortanalyse sehr
ausgeprägt ist, kann sie dennoch den Einfallsreichtum in überra-
schender Weise beleben.

81

TILMAG-Methode

TILMAG ist ein Akronym für «Transformation idealer Lösungselemente in Matrizen für Assoziationen und Gemeinsamkeiten». Es ist Ziel der Methode, solche Reizwörter anzusteuern, die sich für die Findung von Ideen als besonders fruchtbar und anregend erweisen könnten. Der Ablauf folgt diesen Schritten:

1. Definition der «idealen Lösungselemente», das heißt der Soll-Funktionen und Soll-Eigenschaften gesuchter Lösungen.

2. Aufstellen der Assoziationsmatrix. Die ILs werden in die Kopfzeile und Vorspalte einer Matrix so eingetragen, daß sie paarweise kombiniert werden können.

3. Bildung von freien Assoziationen zu jeweils einer IL-Paarung, die in die entsprechenden Matrixfelder eingetragen werden. Die gefundenen Assoziationen dienen als Reizwörter.

4. Ideenfindung nach der Reizworttechnik (siehe vorigen Abschnitt).

Kurzbeispiel
Die Problemstellung:
Bei der Montage hochempfindlicher Geräte kann es geschehen, daß ein Stoß einen latenten Defekt auslöst. Um sicherzustellen, daß an einem derart beschädigten Gerät nicht ohne Funktions-Zwischenprüfung weitermontiert wird, soll an den Gehäusen ein «Stoß-Sensor» angebracht werden. Gesucht werden Ideen, wie ein solcher Sensor konzipiert werden könnte.

☐ Jeder Anwendung der TILMAG-Methode sollte ein *Brainstorming* vorgeschaltet werden

☐ Ideale Lösungselemente für einen Stoß-Sensor sind (Bild 6.5):
   IL 1 Deutlich zu erkennen
   IL 2 Auf Stoß reagieren
   IL 3 Auf alle Richtungen ansprechen
   IL 4 Definierte Auslöseschwelle
   IL 5 Irreversibel
   IL 6 Fälschungssicher

☐ Bei der Formulierung der ILs ist darauf zu achten, daß diese
   – problemspezifisch sind,

	Deutlich erkennbar	Auf Stoß reagieren	Auf alle Richtungen ansprechen	Definierte Auslöseschwelle	Irreversibel
Fälschungssicher	Siegel-Marke	?	Wärmemengen-messer	?	Scheckkarte
Irreversibel	Eiszapfen schmilzt	Eierschale	Seifenblase platzt	Patrone	xxxxxxxxxxxxxxx xxxxxxxxxxxxxxx
Definierte Auslöseschwelle	Mausefalle	Nitroglyzerin	Knallerbse	xxxxxxxxxxxxxxx xxxxxxxxxxxxxxx	xxxxxxxxxxxxxxx xxxxxxxxxxxxxxx
Auf alle Richtungen ansprechen	Windsack	Billardkugel	xxxxxxxxxxxxxxx xxxxxxxxxxxxxxx	xxxxxxxxxxxxxxx xxxxxxxxxxxxxxx	xxxxxxxxxxxxxxx xxxxxxxxxxxxxxx
Auf Stoß reagieren	Knautschzone	xxxxxxxxxxxxxxx xxxxxxxxxxxxxxx	xxxxxxxxxxxxxxx xxxxxxxxxxxxxxx	xxxxxxxxxxxxxxx xxxxxxxxxxxxxxx	xxxxxxxxxxxxxxx xxxxxxxxxxxxxxx

Bild 6.5   Assoziations-Matrix zum Problem «Stoß-Sensor»

- positiv formuliert sind,
- knapp, aber präzise formuliert sind,
- maximal 6 (4 bis 6) Elemente umfassen.

❑ Aufstellen und Ausfüllen der Assoziations-Matrix
Um die Zahl der Streichfelder möglichst gering zu halten, werden bei n Elementen (ideale Lösungselemente) die Elemente 1–(n–1) von links nach rechts in die Kopfzeile und in Umkehrung der Reihenfolge die Elemente n–2 von oben nach unten in die Vorspalte gelistet.

Daraufhin werden zu jeder IL-Paarung in freien Assoziationen Reizwörter gebildet.

❑ Ideenfindung

Aus den Reizwörtern ...   *werden als Ideen angeregt:*

1. SIEGELMARKE
Papieretikett mit amtlicher Prägung und/oder Stempel, das bei widerrechtlichem Eindringen zerstört werden muß.

Federnd aufgehängte Spikes werden so angeordnet, daß sie bei Stoß eine vorgespannte Membran zerstören.

2. WÄRMEMENGEN-MESSER
Röhrchen mit eingeschlossener gefärbter Flüssigkeit, die allmählich unter Wärmeeinwirkung verdunstet.

Eine zerbrechliche Glaskugel wird rundum auf Spitzen gelagert. Bei Stoß tritt eine Flüssigkeit aus, die im Sensor einen Farbumschlag bewirkt.

3. SCHECKKARTE
Enthält u.a. einen Magnetbandstreifen mit inhaberspezifischen Informationen.

Eine leuchtend gefärbte magnetische Kugel wird mit grauem Eisengranulat beschichtet, das bei Stoß abfällt und die Kugelfarbe sichtbar werden läßt.

4. ... usw. für alle in der Matrix enthaltenen Reizwörter.

Visuelle Synektik

Vereinfacht ausgedrückt handelt es sich bei dieser Methode um «Reizwortanalyse mit Bildern».
Bilder haben gegenüber dem Wort den Vorteil, daß sie die Inhalte eines Reizbegriffes sehr viel anschaulicher in den Details bewußt machen. Sie bieten deshalb dem Problemlöser sehr viel mehr strukturelles Material an, das jetzt zur Anregung von Ideen zur Verfügung steht.

Empfohlene Vorgehensweise

Es wird eine Dia-Kollektion mit den verschiedensten Motiven (zufällige Auswahl) zusammengestellt. Der Moderator blendet das erste Bild ein und läßt den Teilnehmern einige Augenblicke Zeit, sich in das Motiv einzustimmen. Dann werden besonders charakteristische Bildelemente gedanklich herausgelöst, und es wird gemeinsam versucht, daraus Lösungsideen zu entwickeln.

Wenn ein Bild «erschöpft» ist, wird das nächste Motiv gezeigt.

Variante

Es werden Motivsammlungen in Mappen angelegt, die den Teilnehmern an der Ideenfindungssitzung ausgehändigt werden. Jeder Teilnehmer blättert seine Mappe durch und notiert alle Ideen, die ihm bei seinen individuellen Bildbetrachtungen und -analysen einfallen. Dies geschieht etwa 30 Minuten lang. Alle von den Teilnehmern einzeln aufgefundenen Ideen werden dann vorgestellt, und man versucht im Team, sie weiter auszubauen.

Semantische Intuition

Die übliche Reihenfolge eines Erfindungsvorganges

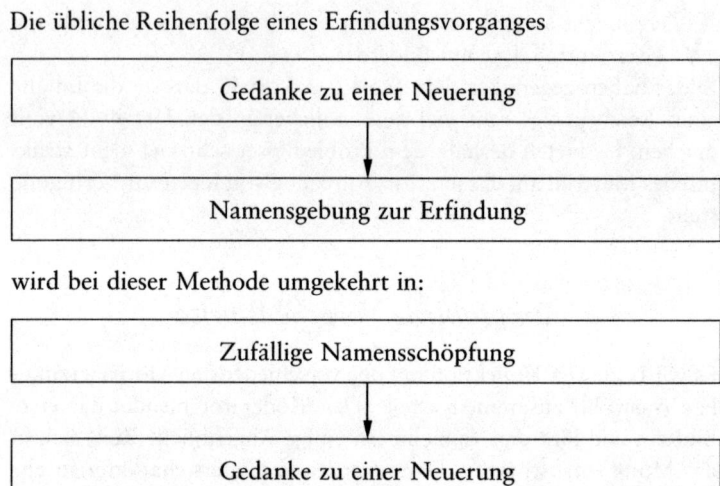

Gedanke zu einer Neuerung

Namensgebung zur Erfindung

wird bei dieser Methode umgekehrt in:

Zufällige Namensschöpfung

Gedanke zu einer Neuerung

Die Methode eignet sich insbesondere, um neue Produkte innerhalb einer Gattung oder eines Anwendungsbereiches zu finden, z.B. Büro- oder Haushaltsgeräte, Pflegeprodukte, Zubehör zum Basteln und Werken.

Dabei werden im einfachsten Fall aus dem Suchfeld zufällig Begriffe von schon existierenden Lösungen ausgewählt und paarweise neue kombiniert. Zusammengesetzte Hauptwörter werden in ihre Bestandteile zerlegt. Dadurch entstehen «Kunstnamen», die nun daraufhin interpretiert werden, ob sie gedanklich die Vorstellung einer Neuerung provozieren.

Beispiel:
Gesucht werden Ideen für neues Küchen- und Speisezubehör

Zufällig ausgewählte Begriffe:

1	Herd	a	Deckel
2	Dampf	b	Messer
3	Platte	c	Mixer
4	Kartoffel	d	Teller
5	Stampfer	e	Öffner
6	Reib	f	Sieb
7	Eisen	g	Eier
8	Kühl	h	Becher
9	Schrank	i	Presse

Provozierte Ideen:

1/c Mixer mit Wärmeabgabe, um Mixvorgänge unter höherer Temperatur zu vollziehen.

6/a Topfdeckel mit erweiterten Funktionen, zum Beispiel mit einer Reibstelle für Muskatnüsse o.a.

8/g Tauchwärmespeicher, die man zwischen der Speise in den Servierschüsseln beläßt und die z.B. Suppen und Saucen von innen heraus warmhalten.

7/3 Servierplatte zum Kühlhalten von Desserts.

f/h Teeglas mit separater Siebkammer zum Zurückhalten der Teeblätter.

Bild 6.6 Beim Erstellen eines Morphologischen Kastens können vorteilhaft Kärtchen verwendet werden – nicht nur, weil Parameter und Ausprägungen sehr flexibel umarrangiert werden können, sondern auch, weil Korrekturen ohne großen Aufwand durchführbar sind (Foto: Th. Fischer).

Morphologischer Kasten

Diese Methode (Morphologie bedeutet ursprünglich «Gestalt-, Formen-, Strukturlehre») nimmt unter allen Ideenfindungsmethoden insofern eine Sonderstellung ein, als damit ein Totallösungssystem erzeugt werden kann: Der Morphologische Kasten zeigt dann alle zu einem gestellten Problem denkbaren Lösungen auf.

Formal besteht ein Morphologischer Kasten aus *Parametern* und *Ausprägungen*:

Parameter sind die gemeinsamen Variablen, die bei allen möglichen Lösungen wiederkehrend auftreten. Sie sind jene Merkmale der Lösungsschar, die die Bildung von Unterschieden – von Alternativen – verursachen.

Wichtig: Die Parameter sollten

□ voneinander sachlich unabhängig sein,
□ für alle denkbaren Lösungen zutreffen,

88

- konzeptionell wesentlich sein,
- vollständig sein.

Ausprägungen sind die für einen Parameter zulässigen Gestaltungsmöglichkeiten.

Im Erscheinungsbild gleicht ein Morphologischer Kasten eher einer Tabelle: Die Parameter werden in der Vorspalte angeordnet, die Ausprägungen zeilenweise angelistet (Bild 6.6).

Eine einzelne Lösung ergibt sich im Morphologischen Kasten dadurch, daß man aus jeder Parameterzeile eine Ausprägung auswählt und diese miteinander verbindet. Das genetische Prinzip ist also das der systematischen Kombination. Nun wird deutlich, welche immense Vielfalt an Lösungsmöglichkeiten ein Morphologischer Kasten ausweisen kann. Bei nur 10 Parametern mit jeweils 10 Ausprägungen sind dies bereits 10 Milliarden!

Die Methode eignet sich für komplexe und abgegrenzte, technische und nichttechnische Probleme gleichermaßen. Die drei Beispiele in den Bildern 6.7 bis 6.9 können die mögliche Anwendungsvielfalt des Morphologischen Kastens nur andeuten.

Morphologische Matrix

Wie der Morphologische Kasten baut sich auch diese Methode aus Parametern und Ausprägungen auf. In den meisten Fällen genügen zwei Parameter, die mit den Laufrichtungen «Vorspalte» und «Kopfzeile» zu einer Matrix angeordnet werden. Diese Darstellungsform macht die Methode besonders geeignet für das Auffinden von Nischen für neue Produkte, Verfahren und Dienstleistungen.

Sie ist ferner interessant für analytische Zwecke (Zerlegung komplexer Sachverhalte in einzelne Felder) und – wenn zukunftsbezogene Parameter eingesetzt werden – auch für prognostische Aussagen.

Die Morphologische Matrix ist jenes Instrument, das vermutlich am vielseitigsten bei Innovationsprozessen eingesetzt werden kann.

Die Anwendung der Methoden Morphologischer Kasten, Morphologische Matrix und Konflikt-Morphologie (die hier nicht behandelt wird) wird durch die PC-Software MORPHOS unterstützt, die der Vogel Buchverlag herausgibt.

Bewegungsort	Erde	Wasser	Atmosphäre	Weltraum	Wechselnd
Freiheitsgrad der Bewegung	x	x, y	x, y, z	Wechselnd	
Bewegungs-ablauf	Frei	Geführt	Wechselnd		
Antrieb	Eigenantrieb	Fremdantrieb	Wechselnd		
Kraftwirkung im Beweg.-Ablauf	Initial*	Permanent	Intermittierend		
Transport von	Personen	Lasten	Meßgeräten	Werkzeugen, Wirksystem	Kombinationen

* «Initiale Kraftwirkung» soll so verstanden werden, daß das Fahrzeug durch einen Anfangsschub – wie ein Geschoß – in Bewegung gesetzt wird.

Bild 6.7 Morphologischer Kasten über Fahrzeug-Grundprinzipien

Auftragsform des Platins	Atomar	Mikrotropfen	Fäden	Flake	Haut	...
Übertragungs-Energie	Schwerkraft	elektr. Anziehung	Beschleunigung	mechan. Träger	...	
Steuerung des Pt-Flusses	keine (Zufall)	Kanal	elektr.-magn. Felder	Strömung des Mediums	gerichtete Energetisierung	...
Prozeß-Medium	Vakuum	Luft	Gas	Fluid	...	
Abfolge der Flächenbedckg.	Punkt für Punkt	segmentweise	seitenweise	ges. Oberfläche gleichzeitig		
Angestrebtes Haftprinzip	Adhäsion	Verzahnung	über Bindemittel			

Bild 6.8 Morphologischer Kasten über Platin-Beschichtungsverfahren. Die hervorgehobenen Felder entsprechen dem galvanischen Prozeß.

Plan-Umsatz-Wachstum	Wie letzte fünf Perioden	Konsolidierung	Branchenmittel	Gleich Brutto-SP	Circa 5 % p. a.	Größer 5 % p. a.
Plan-Umsatz-Rendite	Wie Vorjahr	Konzern-durchschnitt	Zwischen 4–5 %	Größer 5 %		
Angestrebte Produktstruktur	Schwerpunkt Güter	Güter und begl. Dienstleistung	Güter- u. DL-Mix	Schwerpunkt Dienstleistung		
Angestr. Produktkomplexität	Komponenten	Baugruppen	Subsysteme	Komplex-Systeme	Ausgewogenes Mix	
Technologische Leistungsebene	Low-Tech	Middle-Tech	High-Tech	Nachfrage-orientiert		
Künft. Markt-Schwerpunkte	Bisherige Märkte	+ Umwelt Luft/Boden	+ Umwelt Wasser			
Orient. Fertigungstiefe an	Erstellungs-Kosten	Wertschöpfung	Schwesterfirmen	Vorhandene Einrichtungen	Auslastungs-Schwankung	
Schwerpunkt d. Leist.-Erstellung	Eigenständig	Konzern-Kooperation	Kooperation mit Dritten			
Status im Konzern	GB wie bisher	Ausweitung zu Unt. Ber.	Ausgliederung in GmbH			
Angestrebte Marktstellung	Preis-führerschaft	Technologie-führerschaft	Umsatz-führerschaft			

Bild 6.9 Morphologischer Kasten über mögliche strategische Ziele bei einem Diversifikations-Vorhaben in einem Konzern

Zwei der Beispiele zu den Bildern 6.10 bis 6.12 zur Morphologischen Matrix sind dem MORPHOS-Methodenhandbuch entnommen [9]. MORPHOS ermöglicht nicht nur die Erarbeitung von Problemlösungen am Bildschirm. Darüber hinaus kann sich der Anwender einen umfangreichen Wissensfundus aus Parametern und Ausprägungen aufbauen.

Beteiligungsformen \ Anlageobjekte		Produzierendes Unternehmen			Vertriebsorganisation	Handelsunternehmen	Rohstoff-Exploration	Rohstoff-Erzeugung	Immobilien	⋮
		Angestammte Produkte	Verwandte Produkte	Diversifikation						
Minderheits-beteiligung	Privates Unternehmen									
	Staat									
	Geldinstitut									
Mehrheits-beteiligung	Privates Unternehmen									
	Staat									
	Geldinstitut									
100% Eigenkapital										

Bild 6.10 Systematische Überprüfung von Anlagemöglichkeiten mit der Morphologischen Matrix [9]

Zukünftige Technologien / Bedarfstrends	Mikro-mechanik	Optische Sensoren	Plasma-technik	Speicher-programmierte Steuerungen	...
Präzise Hoch-leistungsteile	①		②		
Fahrzeugtechnische Prozeßoptimierung				③	
Automatische Qualitätskontrolle		④			
...					

① Miniaturisierte Hydraulik- und Pneumatik-Elemente auf Silizium-Basis
② Anlagen zur Oberflächenveredelung und -härtung
③ Ersatz elektromechanischer Steuerungen
④ Automatisierung durch Bildverarbeitung

Bild 6.11   Morphologische Matrix zur Vorausschau interessanter Leistungsfelder für ein elektrotechnisches Unternehmen [9]

P1 \ P2	Säubern	Nähren, versorgen	Odorieren	Dekorieren	Kaschieren	Entfernen
Gesichtshaut	stark besetzt	stark besetzt	stark besetzt	stark besetzt	näher untersuchen	?
Körperhaut	stark besetzt	stark besetzt	stark besetzt	interessant?	interessant?	besetzt
Hände	stark besetzt	stark besetzt	?	?	xxxxxxxxxx xxxxxxxxxx	xxxxxxxxxx xxxxxxxxxx
Füße	besetzt	stark besetzt	besetzt	?	näher untersuchen	xxxxxxxxxx xxxxxxxxxx
Haare	stark besetzt	stark besetzt	spezielles Produkt?	näher untersuchen	?	stark besetzt
Nägel	neues Verfahren?	besetzt	xxxxxxxxxx xxxxxxxxxx	stark besetzt	?	chemisch möglich?
Zähne	stark besetzt	stark besetzt	i. V. mit Mundraum	Medizinische Produkte?	Medizinische Produkte?	xxxxxxxxxx xxxxxxxxxx

P1 = Pflegebereich   P2 = Pflegefunktion

Bild 6.12   Suche nach Marktnischen für Kosmetikprodukte mit der Morphologischen Matrix

Hinweise zur Methodenauswahl

Übersicht

Die aufgezeigten Kreativitätstechniken/Methoden zur Ideenfindung sind ein relativ unspezifisches Instrumentarium, das einen weiten Bereich unterschiedlichster Problemstellungen überdeckt. Man ginge deshalb fehl in der Vermutung, daß diese Methoden nur in ganz bestimmten Branchen oder Unternehmen sinnvoll angewandt werden könnten – wenngleich es natürlich Unternehmen (und in diesen wiederum einzelne Funktionsbereiche) gibt, in denen Innovationsprobleme mit größerer Häufigkeit und Dringlichkeit auftreten als anderswo.

Nun interessiert den Praktiker nicht nur, welche Methoden zur Ideenfindung es überhaupt gibt und wie diese funktionieren, sondern er möchte begreiflicherweise bei einem konkret vorliegenden Problem aus der Vielzahl der methodischen Alternativen möglichst sicher jene Methode herausgreifen können, deren Anwendung den größten Erfolg verspricht.

Im wesentlichen bestimmt sich die Methodenwahl nach zwei Kriterienbereichen, und zwar

a) nach den Merkmalen des zu lösenden Problems und
b) nach den situativen Umständen der Problemlösung.

Hinsichtlich a) beeinflussen zwei Problemeigenschaften die Wahl einer geeigneten Methode: die *Komplexität* und der *Typ* des vorliegenden Problems. Bezüglich der Problemkomplexität läßt sich vereinfachend feststellen, daß

□ intuitiv-kreative Methoden (von «Brainstorming» bis «Semantische Intuition») auf abgegrenzte, wenig komplexe Fragestellungen angewendet werden sollten und
□ morphologische Methoden («Kasten» und «Matrix») auch dann herangezogen werden können, wenn sehr komplexe Sachverhalte zu bearbeiten sind.

Beschreibung elementarer Problemtypen

Betrachtet man die gedankliche Anforderungsqualität, die ein Problem stellen kann, als Unterscheidungsmerkmal, dann lassen sich 5 elementare Problemtypen voneinander abgrenzen.

1. Analyse-Probleme
Die Anforderung besteht im Erkennen von Strukturen, d.h. deren Elemente, Relationen zwischen den Elementen und von Struktureigenschaften. Die Analyse enthält allgemein die Klärung von Zusammenhängen.

2. Such-Probleme
Der Problemlösungsprozeß besteht in einem (kognitiven) Suchvorgang, bei dem die Suchkriterien durch die Definition des Problems vorgegeben sind. Die Suche erstreckt sich auf das Auffinden bereits existierender Lösungen.

3. Gestalt-Probleme
Die spezifische Anforderungsqualität dieses Problemtyps besteht darin, vorhandene Wissenselemente so zu konfigurieren bzw. umzukonstellieren, daß ein neues, im Problemlösungsprozeß weiterhelfendes Gedankenkonstrukt (eine neue Gestalt) entsteht.

4. Auswahl-Probleme
Sie betreffen Vorgänge der Unterscheidung von Alternativen nach dem Gesichtspunkt ihres Nutzens für ein vorgegebenes Ziel. Der Prozeß der Auswahl ist in der Regel dadurch gekennzeichnet, daß aus dem Ziel Kriterien zur Bewertung abgeleitet werden, an denen die Qualität der in Frage stehenden Alternativen gemessen wird.

5. Konsequenz-Probleme
Dieser Problemtyp ist durch die logische Befolgung erkannter Gesetzmäßigkeiten im Problemlösungsprozeß charakterisiert.

Die Eignungszuordnung von Kreativitätstechniken zu den elementaren Problemtypen

Auswahl- und Konsequenzprobleme sind ihrer Natur nach logisch lösbare Probleme und können deshalb mit Methoden zur Ideenfindung in der Regel nicht sinnvoll bearbeitet werden. Anwendungsempfehlungen betreffen also überwiegend nur Such-, Analyse- und Gestalt-Probleme.

	Analyse-Problem	Such-Problem	Gestalt-Problem	Auswahl-Problem	Konsequenz-Problem	Komplexe Probleme
Brainstorming	0	+++++	++	nein	nein	nein
Destr./konstr. Brainstorming	nein	+++++	+++	nein	nein	bedingt
Imaginäres Brainstorming	nein	++	++++	nein	nein	nein
Kärtchentechnik	0	+++	+	unterstützend	nein	bedingt
Methode 635	0	+++	++	unterstützend	nein	nein
Brainwriting-Pool	0	+++	++	nein	nein	nein
Reizwortanalyse	nein	++	++++	nein	nein	nein
TILMAG-Methode	nein	++	+++++	nein	nein	nein
Visuelle Synektik	nein	++	+++++	nein	nein	nein
Semantische Intuition	nein	0	+++	nein	nein	nein
Morphologischer Kasten	bedingt	+++	+++++	unterstützend	nein	+++++
Morphologische Matrix	++++	abhängig vom Thema	++	unterstützend	nein	+++++

Bild 6.13   Eignung von Kreativitätstechniken im Hinblick auf elementare Problemtypen

Dazu ist folgender Hinweis wichtig:
Die in der Praxis auftauchenden Probleme sind meist so komplex, daß alle genannten Problemtypen – nicht selten sogar mehrzahlig – in diesen enthalten sind. Will man deshalb im Rahmen eines Problemlösungsprozesses jeweils eine gut geeignete Kreativitätstechnik bestimmen, dann ist das vorliegende Problem erst so lange zu zerlegen, bis die abgespalteten Teilprobleme als eindeutige Such-, Analyse- oder Gestalt-Probleme erkenntlich sind.

Welche Methoden sich der Erfahrung nach für diese Problemtypen empfehlen, geht aus Bild 6.13 hervor.

Beschreibung konkreter Problemtypen

Darunter verstehen wir hier besondere Problemstellungen, die so in den verschiedensten Unternehmen mit großer Ähnlichkeit zueinander wiederholt auftauchen. Gleichzeitig handelt es sich dabei um Vorhaben, die für das Innovationsgeschehen von großer Bedeutung sind:

- das Auffinden von Nischen für neue Produkte
- das Auffinden von Nischen für neue Dienstleistungen
- die Verbesserung bestehender Produkte/Dienstleistungen
- Ideen zu neuen Produkten/Produktfunktionen
- Verfahrens- und produktionstechnische Probleme
- Technische Verwirklichung vorgegebener Funktionen
- Maßnahmen zur Werbung und Verkaufsförderung
- Schöpfung von Markennamen
- Führungs-, insbesondere Motivations- und Anreizprobleme
- Gestaltung organisatorischer Lösungen

Die Zuordnung von Kreativitätstechniken zu konkreten Problemtypen mag dem Anwender zuweilen leichterfallen als zu den elementaren Problemtypen. Aber auch hier gilt, daß man komplexe Probleme in separat lösbare Teilprobleme zerlegen und die Methoden dann im Hinblick auf diese Teilprobleme auswählen sollte.

Die Eignungsempfehlungen aus den Bildern 6.14 und 6.15 beruhen auf langjährigen praktischen Erfahrungen des Autors. Es bedeuten:

0 = keine besondere Eignung erkennbar; eher wenig geeignet
+ = kann ohne weiteres angewandt werden
+++++ = hervorragend für diese Problemstellung geeignet

	Nischen für Produkte	Nischen für Dienstleistungen	Produktverbesserung	Neue Produkte	Verfahrenstechnik
Brainstorming	+	+	+++	++++	+++
Destr./konstr. Brainstorming	xxxxxxxxxxxxxx	xxxxxxxxxxxxxx	+++++	xxxxxxxxxxxxxx	+
Imaginäres Brainstorming	+++	+++	++++	++++	++++
Kärtchentechnik	+	+	++	++	+
Methode 635	+	+	+++	++	+
Brainwriting-Pool	+	+	+++	++	+
Reizwortanalyse	wenig geeignet	wenig geeignet	++++	+++	+++
TILMAG-Methode	wenig geeignet	wenig geeignet	+++++	++++	+++++
Visuelle Synektik	wenig geeignet	wenig geeignet	++++	+++	++++
Semantische Intuition	++	++	+++	+++++	+
Morphologischer Kasten	++++	++++	+++++	++++	++++
Morphologische Matrix	+++++	+++++	+++	++++	wenig geeignet

Bild 6.14 Kreativitätstechniken und konkrete Problemtypen (I)

	Technische Konstruktion	Werbung, Verkaufsförderung	Namensfindung	Führungsprobleme	Organisatorische Probleme
Brainstorming	+++	+++	+++	+++	+++
Destr./konstr. Brainstorming	+	++	xxxxxxxxxxxx	+++	+++
Imaginäres Brainstorming	++++	++++	xxxxxxxxxxxx	+++	+
Kärtchentechnik	0	++	+	++	++
Methode 635	++	+++	+	++	++
Brainwriting-Pool	++	+++	+	++	++
Reizwortanalyse	+++	+++	wenig geeignet	+++	0
TILMAG-Methode	+++++	+++++	wenig geeignet	+++	+++
Visuelle Synektik	++++	++++	wenig geeignet	wenig geeignet	wenig geeignet
Semantische Intuition	+	+	+	xxxxxxxxxxxx	xxxxxxxxxxxx
Morphologischer Kasten	++++	++	xxxxxxxxxxxx	++	++++
Morphologische Matrix	wenig geeignet	+	xxxxxxxxxxxx	++	++

Bild 6.15   Kreativitätstechniken und konkrete Problemtypen (II)

Äußere Umstände der Methodenanwendung

Ob eine Kreativitätstechnik im Einzelfall geeignet ist, beantwortet sich nicht nur bezüglich des vorliegenden Problems, sondern ebenso aus den jeweiligen situativen Umständen.

Hierzu gehören zum Beispiel

☐ die verfügbare Zeit im Rahmen des Kreativ-Workshops,

☐ die Zahl der Teilnehmer, die am Problemlösungsprozeß zu beteiligen sind,

☐ die Beziehungen der Teammitglieder zueinander. (Ist man sich fremd oder vertraut?)

☐ Spannungen und Konflikte, die zwischen den Teilnehmern wegen konträrer Interessenlagen zu befürchten sind,

☐ die Erfahrungen in der Anwendung einer Methode,

☐ die verfügbaren Arbeitsmittel, z.B. Flipcharts und Pinwände,

☐ die Problemkenntnis bzw. der Expertengrad der Teilnehmer,

☐ die Erfahrenheit des Moderators,

☐ die Frage, ob die Ideenurheberschaft jedes einzelnen exakt festgehalten werden soll. (An dieser Stelle sei jedoch noch einmal der Hinweis erneuert, daß das Ergebnis von Teamarbeit fairerweise den Beteiligten zu gleichen Anteilen zugerechnet werden sollte.)

Im Zweifel sollte man sich bei der Wahl zwischen zwei Methoden nach den äußeren Umständen richten, selbst wenn die dann gewählte Methode im Hinblick auf das Problem einen oder zwei Eignungspunkte schlechter liegt. Erstens wird es stets ungewiß bleiben, ob man mit einer anderen Methode bessere Ergebnisse erzielt hätte. Und zweitens – wichtiger – wirkt sich die Wahl einer zweitbesten Methode nicht auf die Harmonie oder das Engagement des Kreativ-Teams aus. Werden hingegen durch die Mißachtung äußerer Umstände Aversionen und Konflikte bei den Beteiligten provoziert, dann kann dadurch ein nachhaltiger Schaden angerichtet worden sein.

Anwendungsempfehlungen zu den Methoden

Wie bedeutungsvoll äußere Umstände bei der Wahl einer Kreativitätstechnik sind, kann sicherlich mit diesen wenigen Beispielen illustriert werden:

☐ Es wäre wenig sinnvoll, mit einer Gruppe von 10 Teilnehmern in 30 Minuten verfügbarer Zeit zu einem halbwegs anspruchsvollen Problem einen Morphologischen Kasten aufstellen zu wollen. In einer halben Stunde wird es vermutlich nicht annähernd gelungen sein, den Parametersatz vernünftig zu formulieren, zumal dies ein Schritt ist, den man wirkungsvoller im fachkundigen kleinen Kreis, zu zweit, zu dritt oder zu viert, unternimmt.

☐ Man geht ein gewisses Risiko ein, wenn man das Imaginäre Brainstorming mit einem wenig erfahrenen Moderator und mit Teilnehmern durchführt, die noch nie von dieser Methode gehört haben.
Wahrscheinlich werden einige die ungewöhnliche Vorgehensweise für abwegig, kindisch oder gar dumm halten, und der Moderator wird skeptischen Einwänden gegen die Methode kaum überzeugend begegnen können, um den Prozeß in Gang zu halten und erfolgreich zu beenden.

☐ Die Anwendung der Kärtchentechnik oder der Methode 635 ist wegen der schriftlichen Ideenerarbeitung dann besonders empfehlenswert, wenn eine Gruppe sehr «diskussionsfreudig» ist oder wenn hierarchische Unterschiede ausgeprägt zur Geltung kommen.

Bild 6.16 faßt im Überblick einige wichtige Anforderungen zusammen, die sich bei der Anwendung von Kreativitätstechniken stellen.

	Durchschnittliche Dauer/Min.	Zahl der Teilnehmer	Notwendige Erfahrung	Anforderung an Moderator	Anforderung an Protokoll	Protokolltechnik
Brain-storming	45– 60 (30–120)	5–8	gering	mittel	mittel	Flipchart
Destr./konstr. Brainstorming	90	5–8	gering	mittel	mittel	Flipchart
Imaginäres Brainstorming	90–120	5–6	groß	groß	groß	Flipchart + TL-Projektor
Kärtchen-technik	30	nahezu beliebig	gering	gering	keine	Pinwand + Kärtchen
Methode 635	30– 45	normal: 6 Abw. möglich	gering	gering	keine	Ideenformulare
Brainwriting-Pool	30	5–8	gering	gering	keine	Ideenformulare
Reizwort-analyse	45– 60 oder mehr	5–7	mittel	eher groß	eher groß	Flipchart + TL-Projektor
TILMAG-Methode	90–120	5–7	groß	groß	groß	Flipchart + TL-Projektor
Visuelle Synektik	60 (45– 90)	5–7	groß	groß	groß	Flipchart
Semantische Intuition	45– 60	5–7	eher groß	eher groß	mittel	Flipchart + TL-Projektor
Morphologischer Kasten	90 bis mehr. Stunden	3–5	groß	groß	gering	Pinwand + Flipchart
Morphologische Matrix	60 bis mehr. Stunden	4–6	mittel	mittel	gering	Pinwand + Flipchart

Bild 6.16 Empfehlende Hinweise zur Anwendung von Kreativitätstechniken

Kapitel 7

IDEEN BEWERTEN

Allgemeine Hinweise

Die Bewertung von Ideen ist die notwendige Vorstufe eines Entscheidungsprozesses, das heißt der endgültigen Auswahl jener zu realisierenden Alternative, die im Sinne der Zielerreichung ein Maximum an Nutzen erwarten läßt. Die Bedeutung und Problematik unternehmerischer Entscheidungen ergibt sich aus

- der Bindung und dem Verzehr von Mitteln (Personal; Finanz- und Produktionsmittel),
- Einflüssen auf die Leistungs- bzw. Wettbewerbsfähigkeit des Unternehmens,
- deren meist langfristiger Wirksamkeit,
- deren Gerichtetheit in die Zukunft und der daraus folgenden Unsicherheit.

Voraussetzungen für gründliche und objektiv möglichst richtige Bewertungs- und Entscheidungsprozesse sind:

- exakte, so gut wie mögliche quantitative Formulierung aller zu erreichenden Ziele,
- Herleitung meßbarer Bewertungskriterien aus den Zielen bzw. dem Zielsystem,
- ausreichende Beschreibung der zu bewertenden Alternativen, fachliche Kompetenz der Bewerter und Entscheider.

Nur wenn diese Voraussetzungen geschaffen sind und ausreichend Zeit zur Verfügung steht, kann die Phase des Bewertens und Entscheidens in den Workshop aufgenommen und mit der notwendigen Sicherheit abgeschlossen werden. Dies dürfte jedoch nur in Ausnahmefällen gegeben sein. Denn für kreative Problemlösungsprozesse im Team ist eher gültig, daß

- sehr viele Ideen und Lösungsansätze (30, 50 und fallweise mehr) zur Diskussion gestellt werden, daß man es also mit einer sehr großen inhaltlichen Fülle zu tun hat,
- die Ideen überwiegend als Rohlinge in einer Formulierungsstufe vorliegen, die erst noch zur Entscheidungsreife ausgestaltet werden müssen, wobei zuweilen noch viele Detailprobleme konstruktiv zu lösen sind,
- in vielen Fällen die Funktionssicherheit von Ideen (oder der Wirkung in Richtung der gesetzten Ziele) am grünen Tisch gar nicht beantwortet werden kann, sondern praktischer Versuche und Überprüfungen im Anwendungsfeld bedarf,
- das Kreativ-Team fachlich heterogen zusammengesetzt ist und nur ein Teil der Mitglieder über alle Hintergründe des Problems und der damit verbundenen sachlichen Zusammenhänge so gründlich informiert sind, daß sie objektiv zutreffende Beurteilungen fällen können.

Aus diesen Gründen ist es zumeist vernünftig, im Workshop keine endgültige Entscheidung über die gefundenen Alternativen treffen zu wollen, sondern sich auf eine grobe Sichtung der erzielten Ergebnisse zu beschränken.

Das Rohprotokoll überarbeiten

Betrachten wir ein Brainstorming-Protokoll als typische Form, in der bei einem Kreativ-Workshop Ideen anfallen und festgehalten werden. Es ist eine hochverdichtete Zusammenfassung der entwickelten Gedanken: Bereits die Äußerung einer Idee durch einen Teilnehmer umfaßt zumeist lediglich einen Teil seiner (bildhaft komplexeren) Vorstellungen. Der spontane Brainstorming-Prozeß läßt nur zu, daß er seinen Einfall grob skizziert. Doch selbst dieses grob vorgetragene Gerüst kann der Protokollant in der verfügbaren Zeit nicht in Einzelheiten festhalten, sondern er muß es erneut auf wenige, charakteristische Begriffe verdichten, auf Stichworte.

Würde sich der Problemsteller mit diesem Rohprotokoll begnügen und es später zusammen mit Fachkollegen auswerten wollen – er würde viele der hervorgebrachten Ideen alleine aus diesen Stichworten nicht mehr mit der notwendigen Klarheit reproduzieren können. Wie schwer es ist, Detailgedanken zu behalten, merkt man bereits dann, wenn unmittelbar nach einem Brainstorming die Ergebnisse aus dem Rohprotokoll vorgetragen werden sollen. Selbst der Protokollant ist oft nicht in der Lage, seine Aufzeichnungen vollständig auf das von den Ideengebern ursprünglich Gemeinte zurückzuführen.

Deshalb wird dringend empfohlen, bei der Durchführung eines Kreativ-Workshops soviel Zeit einzuplanen, daß das Rohprotokoll überarbeitet, ergänzt und detailliert werden kann, daß man – vor allem bei technischen Problemstellungen – zumindest mit kleinen Skizzen festhält, wie sich der jeweilige Ideengeber seinen Lösungsansatz konkret vorstellte.

Da sich bei der Überarbeitung des Rohprotokolls nun alle Teilnehmer sämtlichen entstandenen Ideen noch einmal aufmerksam zuwenden, entfaltet dieser Schritt in der Regel beträchtliche Synergie: Es entstehen wertvolle Verbesserungsgedanken, Varianten-Ideen und zuweilen noch völlig neue Lösungsvorschläge.

Formulare zur Ideen-Ausgestaltung

Es ist sehr zweckmäßig, bei der Erstellung des überarbeiteten Protokolls vorbereitete Formulare zu verwenden, die so aufgebaut werden können, daß sie gleichzeitig eine später folgende Ideenbewertung – dies wird zunächst nur eine Vorauswahl durch Grobbewertung sein – unterstützen. Natürlich lassen sich solche Formulare nach dem Ermessen des Problemstellers und in sinnfälliger Abstimmung auf das behandelte Problem ganz individuell gestalten. Insofern sind die nachfolgenden Beispiele lediglich als Vorschläge zu betrachten.

Das in Bild 7.1 gezeigte Formular wird in der Software CREATIV-WORKSHOP angeboten. Der Titel des behandelten Problems und der Workshop-Termin können am Bildschirm eingetragen werden. Das Formular enthält zwei Ideenfelder, wird im Format DIN A4 ausgedruckt und nach Bedarf vervielfältigt. Jedes Ideenfeld enthält eine Bewertungsleiste (ABC-Klassifikation der Ideen) sowie einen Hinweis auf die fachliche Zuständigkeit bei der eventuell weiteren Verfolgung des darin vorgeschlagenen Lösungsansatzes.

ERGEBNIS-PROTOKOLL

zum Problem ———————— ————— Workshop am ——————

Idee (Kurzbeschreibung):				Lfd. Nr.:

Grob-Beurteilung:	A	B	C	Fachlich zuständig:

Bild 7.1 Formular aus der Software CREATIV-WORKSHOP zur Erstellung eines überarbeiteten Protokolls. Es wird im Format DIN A4 ausgedruckt und enthält zwei Ideenfelder.

PROBLEM: Kfz-Zubehör zur Sicherung von Lasten	IDEE Nr.: 18	KURZBEZEICHNUNG: «Pin-Boden»

Beschreibung:

Die Ladefläche des Kleintransporters wird mit einem – wenige Zentimeter starken – Boden ausgelegt, in den sehr einfach Haltestifte eingetrieben werden können.

Als Material des Bodens ist eine Art Preßholz denkbar.

Die Stifte werden an den Flanken der Lasten eingenagelt und geben so gegen Verrutschen Halt. Sie lassen sich mit geringem Kraftaufwand wieder ziehen.

Besonderheit:

Mitlieferung eines Werkzeugs zum Einschlagen und Ausrücken der Haltestifte.

Der Pin-Boden ist fest mit der Ladefläche zu verankern.

Varianten:

Boden mit Lochungen, in die Haltebolzen eingesteckt werden können.

Prinzipskizze:

Haltestift

Pin-Boden

LAST

Ladefläche

Vorteile der Idee:

HERSTELLUNG: Anlagen zur Fertigung der Haltestifte verfügbar.

VERWENDUNG: Variabel. Keine Schwierigkeit des Nachrüstens in Kleintransportern.

Nachteile der Idee:

HERSTELLUNG: Unterschiedliche Boden-flächenmaße der benutzten Kleintransporter.

VERWENDUNG: Problematisch bei unregel-mäßig geformten Lasten. Pin-Böden verschleißen mit der Benutzung.

Bild 7.2   Ausgefülltes Formular zur Detaillierung von Workshop-Ideen

Das Formular in Bild 7.2 – es ist beispielhaft ausgefüllt – gliedert die Darstellung der enthaltenen Ideen in

- Beschreibung,
- Besonderheit,
- Varianten. [10]

Zur Unterstützung der Beurteilung der Chancenqualität wurden «Vor- und Nachteile der Idee», jeweils im Hinblick auf Herstellung und Verwendung der beschriebenen Lösungsansätze, als feste Rubriken in das Formular aufgenommen. Diese Rubriken werden gegebenenfalls erst nach dem Workshop ausgefüllt.

Das Formular in Bild 7.3 kann bei der Suche nach neuen Produkten verwendet werden, die sinnvollerweise getrennt nach Suchfeldern erfolgt. Da Produktideen nach Originalität überprüft werden sollten, ist für anschließende Recherchen (Gibt es bereits vergleichbare Produkte auf dem Markt? Wer bietet dies an?) die Rubrik «Informationsquellen» in das Formular aufgenommen worden.

Grob-Evaluierung

Grundprinzipien

Wie schon erwähnt, wird es aus zeitlichen und sachlichen Gründen nur selten möglich sein, über die im Kreativ-Workshop gefundenen Lösungsansätze bereits eine endgültige Entscheidung zu treffen.

Eine grobe Sichtung der erzielten Ergebnisse kann jedoch zumeist erfolgen. Die dabei angewandten Bewertungsverfahren sind «komplex-intuitiv», das heißt, die Bewerter treffen eine quasi summarische Beurteilung über die Qualität der gefundenen Ideen. Ziel der Bewertung ist es, den engeren Kreis der verfolgenswerten Lösungsansätze zu bestimmen, ohne sich jedoch bereits auf nur eine – die favorisierte – Lösung festzulegen.

Zum Begriff «komplex-intuitiv» sollten jedoch noch – des besseren Verständnisses wegen – einige Erläuterungen angefügt werden:

Jeder Bewertungsprozeß wird sich an für den Einzelfall zu bestimmenden Kriterien ausrichten. Dies sind jene «Güte-Merkmale», nach

Idee (Kurzbezeichnung):	Suchfeld:	Lfd. Nr.:

Beschreibung (Text, Skizze):

Fachlich zuständig:	Informationsquellen:	Grob-Beurteilung:

Grob-Beurteilung:

| A | B | C |

Bild 7.3   Formular zur Ideen-Ausgestaltung bei der Suche nach neuen Produkten. Eine angemessene Auslegung sind zwei Ideenfelder auf DIN A4

denen die Qualität von alternativen Maßnahmen beurteilt wird. Sie werden aus den Zielen hergeleitet.

«Welche Eigenschaften sollte eine Maßnahme haben, welche Wirkungen müssen von ihr ausgehen, damit die gesetzten Ziele erfüllt werden?» – Dies ist eine Frage, die an die Definition von Bewertungskriterien heranführt.

Als solche Bewertungskriterien sind zu unterscheiden:

☐ *Muß-Kriterien:*
Sie betreffen (Qualitäts-)Merkmale, die eine Maßnahme bedingungslos erfüllen muß, damit sie akzeptiert werden kann. Das Ergebnis der Beurteilung ist entweder kategorisch
Ja: Das heißt Erfüllung, oder
Nein: Das heißt Nicht-Erfüllung.
Muß-Kriterien haben den Vorteil, eindeutig und mit geringem Bewertungsaufwand zu selektieren.

☐ *Wunsch-Kriterien:*
Sie betreffen Eigenschaften oder Merkmale, die in einer bestimmten Bandbreite (= Erfüllungsgrad) akzeptiert werden können. Sie sind entsprechend der (Teil-)Ziele, auf die sie sich beziehen, zu *gewichten*.
Für jedes Wunsch-Kriterium ist eine Zielerfüllungsskala zu entwerfen, deren niedrigster Wert den minimal akzeptablen Zielerfüllungsgrad darstellt und deren höchster Wert 100%ige Zielerfüllung ausdrückt.
Das Ergebnis der Beurteilung eines Wunsch-Kriteriums ist also ein Zahlenwert auf einer Zielerfüllungsskala.

Der niedrigste Wert auf der Zielerfüllungsskala stellt – ebenso wie ein Muß-Kriterium – eine Akzeptanzschwelle dar. Wird also im Bewertungsprozeß festgestellt, daß eine Alternative in der Gütebeurteilung unter dem Niedrigstwert auf der Skala eines Wunsch-Kriteriums bleibt, dann scheidet sie aus allen weiteren Überlegungen aus.

Betrachtet und beurteilt man alle Bewertungskriterien und ihre Zielerfüllungsgrade explizit, dann handelt es sich um ein *diskursives Bewertungsverfahren*.

Der bedeutendste methodische Ansatz dieser Art ist die sogenannte Nutzwertanalyse.

Bewertungsverfahren, bei denen hingegen die Bewertungskriterien bei der Beurteilung der Güte einer Alternative «pauschal im Hinterkopf» bleiben, können wir *komplex-intuitive Bewertungsverfahren* nennen. Zu diesen zählen beispielsweise

☐ die ABC-Analyse,
☐ das Punkt-Klebe-Verfahren und
☐ die Paarvergleichs-Methode,

die nachfolgend beschrieben werden.

Es liegt auf der Hand, daß komplex-intuitive Bewertungsverfahren zu um so gesicherteren Ergebnissen führen, je fachlich versierter das Kreativ-Team zusammengesetzt ist.

Schließlich soll darauf hingewiesen werden, daß Bewertungs- und Entscheidungsprozesse in Teams zwar durchaus ihre Vorteile, aber auch Schwachstellen haben. Zu den Vorteilen zählen:

☐ breitere Wissensgrundlage, vor allem bei Entscheidungen zu komplexen Problemen,
☐ vielseitigere Betrachtung und Aufdeckung aller Fürs und Widers,
☐ integrativer; größere Akzeptanz einer getroffenen Entscheidung,
☐ Entsprechung zu partizipativem, kooperativem Führungsstil.

Problematisch können jedoch sein:

☐ Tendenz zum kleinsten gemeinsamen Nenner, die die Gefahr zu unangemessenen Kompromissen in sich birgt,
☐ längere Diskussionen; mögliche Pattsituationen und Verzögerungen,
☐ Fraktionenbildung, die eher durch gleiche Interessen als durch gleiche objektive Wahrnehmungen begründet ist,
☐ höhere Risikobereitschaft durch Verminderung der individuellen Verantwortung. Risikobereitschaft kann zum positiven Image stilisiert werden,
☐ Meinungsdruck in Richtung Hierarchie und Expertenstatus,
☐ Gefahren aus «demokratischer» Entscheidungsfindung, wenn die notwendigen Wissensgrundlagen bei den Abstimmenden fehlen.

ABC-Analyse

Dieses Bewertungsinstrument – seine Anwendungsgebiete liegen zum Beispiel in der Analyse der Umsatzverteilung auf Erzeugnisse, von Kunden oder Vertriebsstellen, in der Untersuchung der Reparaturhäufigkeit von Maschinen oder Maschinenteilen oder im Personalwesen bei Krankenstandsuntersuchungen – hilft im allgemeinen Schwerpunkte zu erkennen. So kann damit aufgezeigt werden, wieviel Prozent (und welche) der hergestellten Produkte zu welchen Prozentsätzen am Umsatz beteiligt sind, um etwa die Programmgestaltung oder das Kostenmanagement zu unterstützen.

Je nach Umsatzbedeutung werden die Produkte dann einer von 3 Gruppen – A, B oder C – zugeordnet. Als A-Produkte gelten jene, die als Haupt-Umsatzträger 60 bis 80% des Volumens ausmachen, als B-Produkte jene, die hinzuaddiert das Umsatzvolumen bis ungefähr 90% abdecken, und alle anderen Produkte fallen dann in die C-Kategorie.

Beispiel: Ein kleines Handelsunternehmen für Werbepräsente vertreibt folgende Produkte mit diesen Umsätzen:

	TSD DM	% (ger.)	Rang
1. Schlüsselanhänger	12	5,2	7
2. Bildbände	3	1,3	13
3. Einwegfeuerzeuge	40	17,2	2
4. Taschenrechner	28	12,1	3
5. Textmarker	1,9	1,0	15
6. Kugelschreiber	65	28,0	1
7. Radios	17	7,3	5
8. Compact-Disks	2,1	1,0	14
9. Werkzeugkoffer	6	2,6	10
10. Gläser	7	3,0	9
11. Wein	9	3,8	8
12. Kosmetik	5	2,1	11
13. Fotoalben	14	6,0	6
14. Reisetaschen	18	7,7	4
15. Solarlampen	4	1,7	
	232,0	100,0	

Gelistet nach der Umsatz-Rangfolge ergibt sich:

	% vom Gesamt	% akkum.
1. Kugelschreiber	28,0	28,0
2. Einwegfeuerzeuge	17,2	45,2
3. Taschenrechner	12,1	57,3
4. Reisetaschen	7,7	65,0
5. Radios	7,3	72,3
6. Fotoalben	6,0	78,3
7. Schlüsselanhänger	5,2	83,5
8. Wein	3,8	87,3
9. Gläser	3,0	90,3
10. Werkzeugkoffer	2,6	92,9
11. Kosmetik	2,1	95,0
12. Solarlampen	1,7	96,7
13. Bildbände	1,3	98,0
14. Textmarker	1,0	99,0
15. Compact-Disks	1,0	100,00

In grafischer Darstellung erhalten wir als Ergebnis dieser Analyse Bild 7.4. Es weist aus, daß unser Handelsunternehmen 5 Produkte (Kugelschreiber, Einwegfeuerzeuge, Taschenrechner, Reisetaschen und Radios) als A-Produkte bezeichnen kann, 4 Produkte (Fotoalben,

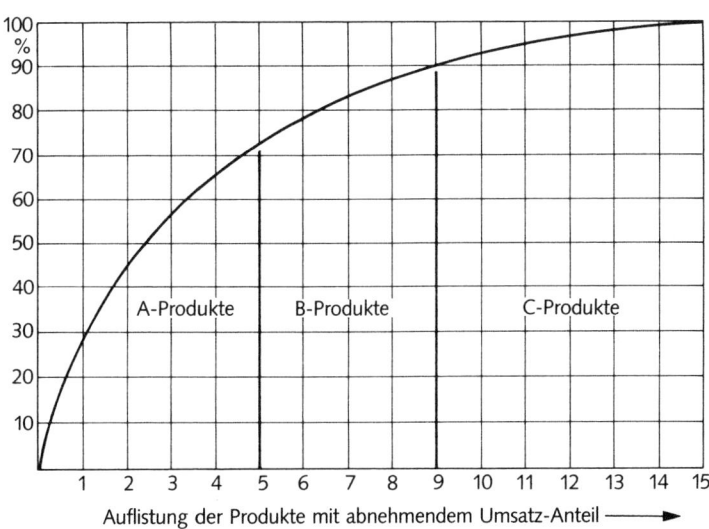

Bild 7.4   Grafische Darstellung der A-, B- und C-Produkte
im Beispiel «Handelsunternehmen»

Schlüsselanhänger, Wein und Gläser) als B-Produkte und alle anderen Artikel als C-Produkte, die insgesamt mit nur knapp 10% zum Umsatz beitragen.

Bei der komplex-intuitiven Bewertung von Lösungsansätzen wird die ABC-Analyse in wesentlich einfacherer Form angewandt. Jetzt bedeuten

A-Ideen: «Heiße», äußerst erfolgversprechende, kreative und innovative Ideen, die die gesetzten Ziele auf wahrscheinlich hervorragende Weise erreichen lassen (erfahrungsgemäß 5 bis maximal 15% aller gefundenen Ideen).

B-Ideen: Sie entsprechen dem Stand der Technik oder stellen hierzu Varianten dar, die keine entscheidenden Vorteile bieten (etwa 50%).

C-Ideen: Wenig chancenreich, kaum durchführbar oder am Ziel vorbeigehend. Sie werden von allen weiteren Betrachtungen ausgeschlossen (meist 35 bis 40% aller Ideen).

Die Teilnehmer schätzen die im Workshop erzielten Ideen individuell als A-, B- oder C-Ideen ein. Die Zuordnung erfolgt nach dem mehrheitlichen Urteil. Ideen, die von allen Teilnehmern als A-Ideen eingestuft worden sind, erhalten besonders hohe Priorität.

Sollten von 50 produzierten Ideen 5 als A-Ideen eingestuft werden, so wäre dies für das Kreativ-Team als ein hervorragendes Ergebnis zu werten!

Punkt-Klebe-Verfahren

Die zu bewertenden Alternativen werden – am besten auf mehreren Pinwänden oder Flipcharts – tabellarisch angeordnet (Bild 7.5). Bevor der Bewertungsvorgang beginnt, sollten die Alternativen so ausführlich durchgesprochen sein, daß jeder Teilnehmer ihre Besonderheiten wohl verstanden hat. Ebenso sollten die zu erreichenden Ziele aus dem Problemlösungsprozeß in großer Klarheit bewußt sein.

Jeder Teilnehmer enthält 5 Klebepunkte, die von ihm entweder
□ in beliebiger Häufung vergeben werden (er kann also individuell wichten) oder
□ bis zu x Punkten je Vorschlag vergeben werden dürfen (begrenzte Wichtung) oder
□ nur einer je Vorschlag vergeben werden (diese Variante ist vorzuziehen) oder

	ALTERNATIVE	Klebe-feld	Punkt-summe	Rang
1	Schlauchverpackung		2	6
2	Tubenverpackung		7	1
3	Blister-Verpackung		4	4
	⋮			

Bild 7.5 Tabellarische Anordnung der zu bewertenden Alternativen beim Punkt-Klebe-Verfahren

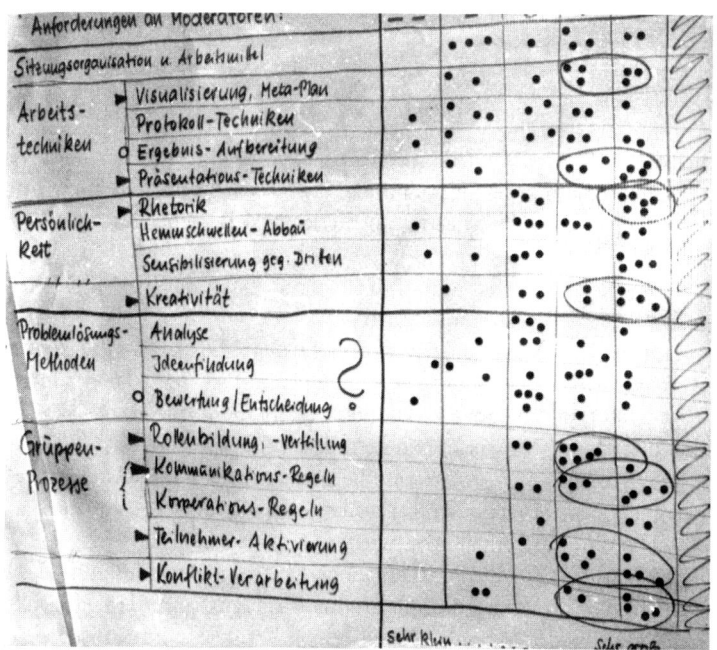

Bild 7.6 Das Punkt-Klebe-Verfahren ist hervorragend geeignet, um als Meinungsspiegel einer Gruppe zu dienen. Im vorliegenden Fall wurden Klebepunkte eingesetzt, um solche Moderatorenfähigkeiten hervorzuheben, die durch innerbetriebliche Schulungsmaßnahmen verstärkt entwickelt werden sollten. (Foto: Schlicksupp)

☐ in unterschiedlichen Farben zu unterschiedlichen Aspekten oder entsprechend unterschiedlichen Wichtungen vergeben werden.

Der Vorteil des Punkt-Klebe-Verfahrens besteht darin, daß keine dominante Persönlichkeit aus dem Team den Bewertungsvorgang argumentativ nach ihren Anschauungen prägen kann. Langwierige Diskussionen unterbleiben.

Als Nachteil ist gelegentlich festzustellen, daß Ideen, die schon einige Punkte von anderen erhalten haben, auf nachfolgende Bewerter einen Zustimmungssog ausüben.

Neben der komplex-intuitiven Bewertung von Alternativen ist das Punkt-Klebe-Verfahren bestens geeignet, um ein Meinungs- oder Auffassungsbild des Teams zu spiegeln. Die Klebepunkte werden dann zu verschiedenen Statements, Fragen, Weichenstellungen usw. zustimmend oder ablehnend vergeben.

Paarvergleichs-Methode

Bei dieser Methode wird eine Rangreihe der Alternativen dadurch ermittelt, daß man sie untereinander jeweils paarweise vergleicht und festhält, welcher Alternative im direkten Vergleich der Vorzug zu geben ist.

Jene Alternative ist dann die ranghöchste, die am häufigsten gegenüber allen anderen vorgezogen wurde.

Um bei dieser Vorgehensweise nicht den Überblick zu verlieren, werden die Alternativen in der Kopfzeile und Vorspalte einer Matrix angeordnet, und die im Paarvergleich bevorzugte Alternative wird in das zutreffende Matrixfeld eingetragen.

Die Methode ist nur für eine begrenzte Anzahl von Alternativen geeignet (etwa 15 bis 20), da andernfalls die notwendige Zahl an Vergleichsvorgängen zu groß wird.

Im Team können die Paarvergleichs-Matrizen entweder individuell ausgefüllt werden und die Rangreihen-Ergebnisse werden gemittelt, oder aber man entscheidet die einzelnen Vergleiche im Konsens.

Bild 7.7 stellt eine Paarvergleichs-Matrix dar, die zur Rangreihenermittlung für bis zu 12 Alternativen geeignet ist. Dieses Arbeitsformular kann bei der Software CREATIV-WORKSHOP ausgedruckt werden, einschließlich der darunter befindlichen Blankoliste, in der

PAARVERGLEICHS-FORMULAR 1

	A1	A2	A3	A4	A5	A6	A7	A8	A9	A10	A11
A12											
A11											
A10											
A9											
A8											
A7											
A6											
A5											
A4											
A3											
A2											

A1 = _____

A2 = _____

A3 = _____

A4 = _____

A5 = _____

A6 = _____

A7 = _____

A8 = _____

A9 = _____

A10 = _____

A11 = _____

A12 = _____

Bild 7.7   Paarvergleichs-Matrix und Alternativen-Liste

PAARVERGLEICHS-FORMULAR 2

Kurzbeschreibung der Alternativen	n*)	Rang
A1		
A2		
A3		
A4		
A5		
...	...	...

*) n = Zahl der Bevorzugungen gegenüber anderen Alternativen

Bild 7.8 Ergebnisformular zur Paarvergleichs-Methode

die Alternativen notiert werden können. Auch das Ergebnis-Formular (Bild 7.8) ist dort verfügbar. In diesem Formular wird die Rangreihe aus der Zahl der vergebenen Bevorzugungen endgültig festgestellt.

Bei der Anwendung der Paarvergleichs-Methode darf man nicht vergessen, daß sich zwar eine Rangreihe der Alternativen ergibt, daß aber keine Aussage darüber möglich ist, welche Qualität im Hinblick auf das zu erreichende Ziel der ranghöchsten Alternative absolut beizumessen ist. Auch die Qualitätsabstände zwischen den Rangplätzen werden nicht quantifiziert.

Kapitel 8

DEN KREATIV-WORKSHOP ABSCHLIESSEN

Maßnahmen planen

Es wird nur selten der Fall sein, daß ein Workshop mit einer vollendeten Lösung schließt, die unmittelbar in die Tat umgesetzt werden kann. Zumeist liegen als Ergebnis Lösungsansätze vor, die zwar erfolgversprechend sind, aber noch weiter ausgearbeitet und auf ihre Praxistauglichkeit überprüft werden müssen – sei es, daß Details konstruktiv zu entwickeln, Recherchen anzustellen, Wettbewerbssituationen oder Patentlagen zu klären sind.

Da zumindest einige Workshop-Teilnehmer mit dem behandelten Problem oder Projekt verantwortlich betraut sind und andere als externe Fachleute möglicherweise nützliche Unterstützung leisten können, sollte kein Workshop beendet werden, ohne daß die Frage nach weiterführenden Aktivitäten oder Maßnahmen gestellt und beantwortet wird. Um sich diesen Maßnahmen zu verpflichten, ist ein verbindlicher Maßnahmenplan notwendig, der festhält, wer welche Arbeiten übernimmt, zu welchen Terminen diese abgeschlossen sein sollen und an wen die Ergebnisse zu berichten sind.

Formular Maßnahmenplan

Bild 8.1 zeigt das Formular eines Maßnahmenplans, der zum Abschluß eines Workshops gemeinsam ausgefüllt und verabschiedet werden könnte. Da dieser Plan auch aktiver Programmbestandteil der Software CREATIV-WORKSHOP ist, ließe er sich zum Ende der Sitzung unmittelbar am Bildschirm erstellen, ausdrucken, kopieren und an alle Teilnehmer als Sofortunterlage verteilen.

MASSNAHMEN-PLAN

Projekt: Kühlschrank-Oberlinie
Projektleitung: Karl M. Planer

Datum: 30. 2. 1991

Nr.	Inhalt der Maßnahme	Verantwortlich	bis zum	Bericht an
1	Reinschrift des überarbeiteten Protokolls; Verteilung	P. Neuland VMS	15. 3.	H. Planer
2	Prospekte USA-Hersteller (Cool-Inc., 3-Star u.a.) einholen und auswerten	H. Winterbauer, V-A	31. 3.	H. Planer
3	Technische Vorstudie zu Idee Nr. 12 («Superfrost»)	Dr. Melzer	ca. 15. 4.	H. Klein TE
4	3 Design-Entwürfe zu «Kühl-Rondell» (Idee Nr. 9)	M. Biondi	31. 3.	H. Planer
5	Recherche über Tiefkühl-Technologien	U. Sauer TE-MF	20. 3.	Dr. Melzer
...		...	...	...

Bild 8.1 Am Ende eines Workshops erstellter Maßnahmenplan (Ausschnitt)

124

Ideen-Nachlese

Auch Sie werden dies schon erlebt haben: Eine Problemlösungskonferenz schwingt noch einige Zeit in den Gedanken nach. Stunden später mögen sich weitere Ideen zum behandelten Problem einstellen.

Es wäre bedauerlich, wenn solche «nachgezündeten» Ideen Ihrer Teilnehmer am Kreativ-Workshop verlorengingen. Händigen Sie deshalb zum Abschluß Ihrer Veranstaltung den Teilnehmern ein kleines Formular aus, in das diese ihre Gedanken-Nachlese eintragen können.

Ein solches Formular hat nicht nur einen gewissen Aufforderungs-Charakter, sondern macht es den Ideengebern auch leichter, Ihnen die später aufgetauchten Lösungsansätze mitzuteilen.

Das Formular in Bild 8.2 ist in der Software CREATIV-WORK-SHOP enthalten. Der Kopf kann am Bildschirm ausgefüllt und das Formular im Format DIN A4 ausgedruckt werden.

Feedback an die Teilnehmer

Der Workshop ist abgeschlossen. Alle Teilnehmer waren engagiert, haben ihr Wissen, ihre Erfahrungen und ihre Kreativität in die Lösung unseres Problems eingebracht. Sie wollten, daß ihr Einsatz für uns von Nutzen ist.

Natürlich haben wir uns für ihre Teilnahme bedankt. Aber wir sollten es nicht dabei belassen. Jeder, der mitgewirkt hat, wird sich freuen zu erfahren, wie das erzielte Ergebnis letztlich eingeschätzt wurde und ob er dazu beitragen konnte, das gestellte Problem auch tatsächlich zu lösen.

Geben wir also unseren Teilnehmern wenige Wochen nach dem Workshop eine kleine Rückmeldung darüber, was uns der gemeinsame Denkanlauf gebracht hat. Das muß keineswegs detailliert sein. Ein kleines Fazit genügt.

Ein solches Feedback ist mehrfach von Nutzen: Wir zeigen damit noch einmal unseren Dank, wir können bestimmt ein kleines Erfolgserlebnis vermitteln und bestätigen damit unsere Teilnehmer in der Absicht, bei einem eigenen Problem – im Interesse der Sache und unseres Unternehmens – selbst einen Kreativ-Workshop zu initiieren.

An: Herrn
      Karl M. Planer
      Abteilung VMS

Betr.: Kreativ-Workshop «Kühlschrank-Oberlinie»
       am 30. 2. 1991   in Oberwiesenbach

Von:
_____
_____
_____

Als zusätzliche Idee(n) zum behandelten Problem reiche ich Ihnen nach:

Bild 8.2   Formular zur Ideen-Nachlese

Kapitel 9

INFORMATIONEN ZUR SOFTWARE CREATIV-WORKSHOP

Bereits im Vorwort waren die Hinweise erfolgt, daß aus Referenzgründen die Gliederung des vorliegenden Buches mit der Software CREATIV-WORKSHOP völlig identisch ist. Ob man einzelne Inhalte vertiefen oder einen aktiven Programmbaustein benutzen möchte: Der Benutzungswechsel zwischen beiden Medien geschieht mit Leichtigkeit.

Mit derselben Leichtigkeit kann die Software selbst benutzt werden. Sie ist so geschrieben und programmiert, daß sie auch für den PC-Neuling ohne jede Schwierigkeit angewendet werden kann. Jede Option wird auf dem Bildschirm angezeigt, der zu 100% den Anwender führt. Das Studium eines Handbuches ist deshalb völlig unnötig. Es gibt auch keines. Von den bisherigen Benutzern von CREATIV-WORKSHOP hat bis jetzt niemand den Wunsch nach mehr Bedienerinformation geäußert.

CREATIV-WORKSHOP wendet sich an Personen, die in Unternehmen – gleich, welcher Größe und Branche – in und mit Teams arbeiten, die Ideenfindungssitzungen, Problemlösungskonferenzen und Workshops initiieren, organisieren und durchführen. Sie haben nun nicht nur alle notwendigen Informationen zum schnellen Check am Bildschirm verfügbar, sondern darüber hinaus können sie auf ein Dutzend aktiver Programmbausteine zurückgreifen, die die Produktivität ihrer Arbeit erhöhen, sie vom Erstellen von Listen und Formularen befreien, Planungsbeispiele im Speicher greifbar halten und den Aufbau einer Experten- und einer Moderatorendatei erlauben.

Als Moderator in Person bleiben den Benutzern von CREATIV-WORKSHOP die Wirkungsweisen von 12 Kreativitätstechniken bewußt, und sie erhalten Empfehlungen, wann man welche dieser Techniken am vorteilhaftesten einsetzt.

Ein besonderer Zielbereich von CREATIV-WORKSHOP ist darüber hinaus die gesamte Fort- und Weiterbildung, die Personalentwicklung, in der Maßnahmen zur Erhöhung der Teamfähigkeit, zur Aneignung von Arbeitstechniken und zur Steigerung von Kreativität und Innovationsfähigkeit zunehmend an Bedeutung gewinnen. CREATIV-WORKSHOP ist für solche Maßnahmen ein ideales Begleitinstrument. Während schriftliches Seminarmaterial oft genug in der Ablage vergessen wird, bleibt CREATIV-WORKSHOP am Bildschirm des eigenen PC präsent. Der Anreiz, das Programm bei Bedarf abzurufen, ist wesentlich größer, als eine Akte herauszusuchen.

Für den Einsatz in der Weiterbildung und Personalentwicklung kann die Berechtigung zur unbegrenzten internen Nutzung durch Vervielfältigung für einen Pauschalbetrag (der sich nach der Unternehmensgröße richtet) erworben werden.

CREATIV-WORKSHOP besteht aus einer 3,5- oder 5,25-Zoll-Diskette und ist mit dem Betriebssystem MS-DOS für alle IBM-kompatiblen Rechner geeignet. Die Hardware setzt 512 KB Hauptspeicher, Festplatte und Hercules-, CGA-, EGA- oder VGA-Modus voraus. Je nach Monitor präsentiert sich CREATIV-WORKSHOP entweder monochrom oder in Farbe.

Bei Interesse an diesem Programm steht Ihnen eine Bestellkarte am Textende des Buches zur Verfügung.

ÜBER DIE ENTFALTUNG UND FÖRDERUNG VON KREATIVITÄT IM UNTERNEHMEN

Mit unseren praktischen Hinweisen über die Planung, Organisation und Durchführung von Kreativ-Workshops haben wir eine innerbetriebliche Arbeitsform beschrieben, der im Innovationsgeschehen ein hoher Stellenwert beizumessen ist. Geht es doch darum, jene kreativen Konzeptionen zu entwickeln, die den Erfolg des Unternehmens sicherstellen.

Bei aller methodisch möglichen Verstärkung bei der Bearbeitung von Innovationsproblemen: Die besten Ergebnisse wird man freilich dann erzielen, wenn die Teilnehmer mit ihren Persönlichkeiten bereits ein hohes Maß an Kreativität einbringen.

Damit wird indirekt die Frage aufgeworfen, welche Maßnahmen im Unternehmen ergriffen werden können, um zur Entfaltung und Förderung von Kreativität beizutragen.

Dieser ebenso wichtige Themenkreis soll im folgenden durchleuchtet werden.

Kreativität: Ein kleiner philosophischer Einstieg

Wir leben in einem Kosmos, der ein so grandioses und ehrfurchtgebietendes Urbild schöpferischer Prozesse ist, daß wir um die rechten Begriffe verlegen sind, wenn wir seine umfassende Beschreibung versuchen. Der Kosmos ist in sich mit einer Vielfalt und Mächtigkeit kreativ, die sich unserem wahren Verständnis entzieht. Der Kosmos ist Sinnbild der Evolution, und die Frage nach seinen wirkenden Gesetzen, ordnenden Kräften und finalen Zielen ist die ewige Frage aller Religionen, die Frage nach der Existenz Gottes. Offensichtlich sollen wir ALBERT EINSTEIN in diesem Sinne verstehen, wenn er verspürt, «daß die kosmische Religiosität die stärkste und edelste Triebfeder wissenschaftlicher Forschung ist», und «daß wir gerade unter den Häretikern aller Zeiten Menschen finden, die von dieser höchsten Religiosität erfüllt waren.»

Und er fährt fort: «Welch ein tiefer Glaube an die Vernunft des Weltenbaues und welche Sehnsucht nach dem Begreifen wenn auch nur eines geringen Abglanzes der in dieser Welt geoffenbarten Vernunft mußte in KEPLER und NEWTON lebendig gewesen sein, daß sie den Mechanismus der Himmelsmechanik in der einsamen Arbeit vieler Jahre entwirren konnten!» [11]

Warum lebt der Mensch in dieser schöpferischen Welt, warum ist er mit solchen faszinierenden Fähigkeiten ausgestattet, die ihn warnehmen, fühlen und verstehen lassen und ihm selbst schöpferisches Tätigwerden ermöglichen? Wie soll er sein Leben ausfüllen, wonach sich orientieren?

Man kann das Phänomen Kreativität nicht behandeln und diese Frage übergehen. Gleichzeitig wird uns jedoch bewußt, wie weit wir diese Grundfrage jeglicher philosophischen Ethik aus unserem alltäglichen Leben ausgeklammert haben. Aus kulturgeschichtlicher Sicht mag dies darin begründet sein, daß eine Umpolarisierung der Erkenntnisinteressen stattgefunden hat.

Der Siegeszug der Natur- und Technikwissenschaften, zu Beginn verbunden mit Namen wie PASCAL, MARIOTTE, CASSINI, BERNOULLI, GUERICKE, LEIBNIZ, FAHRENHEIT, HUYGENS, TORRICELLI, STENO, JAMES, BOYLE, HOOKE und NEWTON, verdrängte Philosophie und Metaphysik. Gültig sollte nur noch sein, was unumstößlich bewiesen, gemessen oder gewogen werden konnte.

An die Stelle des Spekulativ-Irrationalen trat die Sicherheit, ja Geborgenheit der faktischen Daten, Ordnungen und Gesetze, die der Natur enthüllt wurden. Vernunft sollte sich nur noch – wie es schon EPIKUREOS vor zweitausend Jahren forderte – auf die Sinnesempfindungen stützen und diese als letzte Prüfsteine der Wahrheit anerkennen: «Wenn das Wissen nicht von den Sinnen kommt, woher soll es dann kommen?» [12]

Intuition und Introspektion als Wege der Erkenntnisgewinnung – auch wenn sie die Grundlage vieler bahnbrechender Erfindungen und Entdeckungen waren – gelten heute vielfach als unwissenschaftlich, wenn nicht suspekt. Doch ohne Rückgriff auf philosophisches Gedankengut wird jede Absicht, Kreativität ganzheitlich erfassen zu wollen, kaum zum wesentlichen Kern vordringen können.

Kehren wir aber zunächst zu der vorhin gestellten Frage zurück: Warum ist der Mensch schöpferisch, und was lenkt seine schöpferischen Kräfte? Um überhaupt und ansatzweise zu dieser fundamentalen Frage eine Aussage zu wagen, wollen wir sie an zwei Gedankengebäude knüpfen: an die Philosophie Spinozas (Ethica) und an die Religionsethik Buddhas – jene sanfte Religion, die mit der Lehre Christi so viele gemeinsame Inhalte aufweist.

Es mag manchem Leser reichlich ungewöhnlich erscheinen, daß an dieser Stelle und zu diesem Thema reinkarnationsphilosophisches Gedankengut als Erklärungshilfe herangezogen wird, und ich bin mir der Umstrittenheit eines solchen Versuches durchaus bewußt. Aber vielleicht fällt uns zumindest die hypothetische Akzeptanz etwas leichter, wenn wir das Geleitwort von C.G. JUNG zum Tibetanischen Totenbuch [13] gelesen haben, wenn wir uns in diesem Zusammenhang an Worte von PYTHAGORAS, GOETHE, SCHOPENHAUER, VOLTAIRE oder NIETZSCHE erinnern oder auf die Arbeiten des zeitgenössischen THORWALD DETHLEFSEN schauen.

Zu den buddhistischen Grundlehren zählt, daß ein Mensch so lange der Wiedergeburt unterliegt, bis er einen geistigen Reifegrad erlangt hat, der ihm den Übergang in andere Seinsformen erlaubt. Jedes Leben wird durch das vorhergehende bestimmt, um jetzt mit Umständen konfrontiert zu werden, deren Arten und Inhalte diesem Reifeprozeß dienen, das heißt, auf Erkenntnisse aufmerksam machen, die bisher noch nicht verinnerlicht sind. Dies würde bedeuten, daß vor jedem Leben beabsichtigte Umstände und Inhalte seiner Ausfüllung vorgesehen sind.

WERNER HEISENBERG, Nobelpreisträger der Physik, äußert genau in diesem Sinne bei einer Betrachtung über die Natur schöpferischer Kräfte: «Aber schon dieser äußere Gang des ... menschlichen Lebens gehört ja mit zu der Aufgabe, die ... Menschen offenbar *von Anfang an* [Hervorhebung durch den Verfasser] gestellt war. Auch hier wird die Aufgabe vom Reifwerden des Bewußtseins an stets erkannt und zur Richtschnur des Lebens gemacht ...» [14]

Spinozas Religionsphilosophie verdichtet sich in den Satz: «Je mehr wir die Einzelheiten erkennen, um so mehr erkennen wir Gott», den GOETHE für einen der tiefgründigsten der ganzen Literatur hielt. [15] Er sieht die Manifestation einer göttlichen Allmacht in allen

Erscheinungen des Universums und im Menschen *Wunsch und Drang angelegt*, Gott in seinen Naturgesetzen zu begreifen. SPINOZA findet im Menschen *ein Streben von geringerer zu größerer Vollkommenheit*, wobei Freude jede Erfahrung begleitet, die die körperlichgeistigen Vorgänge des Handelns und der Vervollkommnung erhöhen.

Interpretieren wir die beiden genannten Lehren im Hinblick auf das Schöpferische im Menschen, dann erscheinen folgende Aussagen zulässig:

1. Kreativität ist eine der menschlichen Lebensform zwingend zu eigene Fähigkeit. Sie veranlaßt und befähigt den Menschen im Prozeß seiner Reifwerdung
– zur Wahrnehmung bzw. Erkenntnis der natürlichen Ordnungen und Gesetze,
– zur psychischen und physischen Bewältigung seiner Lebenssituation,
– zur Bewußtwerdung und zum Ausdruck seiner einzigartigen Individualität.
2. Kreativität kann begrifflich an keine bestimmte Gegenstandsbereiche gebunden werden, da solche nur situative Inhalte und Ausdrucksformen einer gegenwärtigen Kultur sind. Kreativität ist allgemeingültig.
3. Die realen Manifestationen persönlicher Kreativität bestimmen sich durch das Lebensschicksal und die daraus folgenden Lebensumstände und Lebensaufgaben.
4. Jedes menschliche Wesen hat die für seine jetzigen Erkenntnisziele angemessene Ausstattung an körperlichen und geistigen Fähigkeiten.
5. Jeder Mensch wird seine kreativen Fähigkeiten in höherem Maße nutzen, je besser es ihm gelingt, sich auf seine eigentlichen Lebensaufgaben zu besinnen.

Würden wir diesen Aussagen vorbehaltlos zustimmen, dann müßte menschliches Zusammenleben hinsichtlich der Entfaltung von Kreativität diesen Prinzipien folgen:

☐ Versperre keinem Menschen Wege zur Erkenntnis; eröffne ihm alle in seinem inneren Streben liegenden Erkundungsfelder.
☐ Verwehre niemandem die Mittel, derer er zur schöpferischen Bewältigung seiner Lebenssituationen und -ziele bedarf, auf die er zurückgreifen könnte.

□ Respektiere jegliches schöpferisches Tun als persönliches Naturrecht.

□ Erachte alle individuellen schöpferischen Leistungen als gleich wertvoll und gleichrangig, unabhängig von den eigenen Urteilen.

□ Verurteile niemanden wegen einer scheinbar minderen Fähigkeit oder Leistung.

□ Gib jedem Menschen die bestmögliche Gelegenheit, sein Leben gemäß seiner Neigung und Bestimmung zu führen, und unterstütze ihn bei dem Bemühen, die ihm entsprechenden Inhalte zu finden.

Nun mag diesen «Geboten» eine uns übertrieben scheinende Moral anhaften – aber: Reflektieren sie nicht dennoch die Wünsche und Sehnsüchte vieler Menschen nach der Gestaltung schöpferischer Lebensformen?

Gleichzeitig machen uns diese Prinzipien bewußt, in welchem Ausmaße und auf wie vielen Gebieten die tatsächlichen Lebensgemeinschaften, die vergangenen und gegenwärtigen Kulturen, schöpferische Individualität ignorieren, behindern oder gar roh unterdrücken – durch Ausübung von Macht, Intoleranz, Dogmatisierung, Gesetze, Verordnungen, Gefühllosigkeit, Eitelkeit, Habgier und Überheblichkeit. Geschichte und Gegenwart sind gefüllt von Zeugnissen über die Unterdrückung und Verachtung individueller Lebensgestaltung und die Entfaltung persönlicher Kreativität.

Nichtsdestoweniger muß uns ein Blick auf die gesellschaftlichen Realitäten von einer – ebenso illusionären wie gefährlichen – sozialen Romantik freimachen. Vorerst bleibt eine Gesellschaft, die aus dem wunderbaren Zusammenspiel von in jeder Hinsicht freien, individuellen und schöpferischen Kräften aller Menschen harmonisiert und prosperiert, schiere Utopie. Gewiß kann man lange darüber streiten, ob die gegenwärtigen Ziele unserer (westlichen) Gesellschaften die denkbar erstrebenswertesten sind. In objektiver Überschau aller Kulturen und Kulturgeschichten wird man sie jedoch zu den lebenswertesten zählen müssen, die es jemals gab.

Freilich, aus der Sicht individueller Kreativitätsentfaltung offenbart auch diese Gesellschaftsform eine Vielzahl in sich bedingter Kreativitätskonflikte und -blockaden. Stellen wir zunächst fest:

1. Der überwiegende Teil der Leistungserstellung erfolgt in Organisationen (Unternehmen), die eine Tendenz zur Bildung größerer Einheiten durch Wachstum und Zusammenschlüsse aufweisen.

2. Grundlage der Produktivität – als Maß des Lebensstandards – ist der Wettbewerb zwischen Anbietern. Dieser Wettbewerb verursacht wiederum
– die innovative (qualitative) Weiterentwicklung der angebotenen Produkte und Leistungen,
– die Notwendigkeit zu einer extrem ökonomischen Erstellung aller Produkte und Leistungen,
– die Ausrichtung eines großen Teiles der gesellschaftlichen Aufwendungen für Wissenschaft und Forschung.
3. Die Dominanz des Wettbewerbs erhebt Erfolg zur Tugend. Leistungsunfähigkeit und Versagen werden zum persönlichen Makel. Entsprechend groß sind die Bemühungen, Attribute des Erfolgs nach außen zu zeigen.
4. Wir unterliegen in zunehmendem Maße der Faszination von Gütern und Diensten bei der Erlebnisgestaltung, der wir uns – ermöglicht durch hohe Einkommen, soziale Sicherheit und freie Zeit – immer mehr zuwenden.

Belassen wir es bei diesen wenigen Grundstrukturen und -tendenzen. Welche sind ihre behindernden Einflüsse auf die Entfaltung von Kreativität? Die Antworten hierfür sind unschwer zu geben: [16]

☐ Die notwendigerweise hierarchischen Strukturen und die Größen von Unternehmen bedingen, daß die meisten Beteiligten
– eine Fremdbestimmung erleben. Sie verrichten Tätigkeiten, auf deren Inhalte und Ziele sie keinen oder nur wenig Einfluß nehmen können,
– sich als kleine Rädchen in einem großen Getriebe empfinden. Sie spüren ihre Ersetzbarkeit und wissen oder vermuten, daß ihre Gestaltungsmöglichkeiten im ganzen nur äußerst gering sind,
– sich in eine funktionale Spezialisierung hineinentwickeln müssen, die Einseitigkeit und geistige Enge hervorruft – unabhängig davon, wie intensiv dies erlebt wird;

☐ Während ein Kind noch (zu Recht) für jedweden schöpferischen Ausdruck Anerkennung findet, muß der berufstätige Erwachsene seine kreativen Leistungen an unerbittlichen Gütekriterien messen lassen. In der Folge nehmen Unsicherheiten und Selbstzweifel dem kreativen Geschehen die eigentlich erforderliche Unbeschwertheit und Natürlichkeit. Systembedingt erlebt der kreative Mensch wesentlich häufiger Enttäuschungen und Zurückweisungen als Akzeptanz und Durchsetzung seiner Konzeptionen. So neigt er zum Rückzug in die Resignation oder zur trotzigen Verteidigung seiner Ideen durch Berufung auf Autoritäten – was ihm in beiden Fällen weitere Konflikte bescheren kann.

☐ Der Zwang zu ökonomischer Leistungserstellung limitiert bei schöpferischen Prozessen (betrieblichen Innovationen) die Verfügung über materielle Ressourcen und Zeit. Vor allem die zeitlichen Beschränkungen werden als äußerst restriktive Kreativitätsblockaden empfunden – wohl zu verstehen, da sich schöpferische Leistungen grundsätzlich nicht erzwingen lassen.

☐ Wettbewerb ist nicht nur ein überbetriebliches, sondern im Hinblick auf Beförderung und Einkommen ebenso ein innerbetriebliches Symptom. Unter den Leistungskriterien, nach denen sich der interne Wettbewerb entscheidet, ist die konzeptionelle Fähigkeit von besonderem Gewicht. Da es jedoch nicht nur darauf ankommt, schöpferische Leistungen hervorzubringen, sondern ebenso, diese erfolgreich vor anderen durchzusetzen, absorbiert der Prozeß der Durchsetzung häufig den größeren Teil an Energie und Zeit. Er bewirkt Individual- und Abteilungsegoismen und sieht den sensiblen Menschen häufiger als Verlierer als den robusten Taktiker. Es setzen sich in den Unternehmen also nicht mehr die besseren Konzeptionen durch, vielmehr die besseren Advokaten.

☐ Konkurrenzdenken ist ebenfalls in den meisten Fällen beteiligt, wenn von Dritten stammende Ideen vorschnell abgelehnt werden oder wenn man das Mitdenken anderer an einem statusträchtigen oder patentrelevanten Problem verhindern möchte. Hier bauen sich Kreativitätsblockaden auf, die mehr als andere gegen das übergeordnete Unternehmensinteresse gerichtet sein können.

☐ Die vielfach zu beobachtende Verlagerung der Interessenschwerpunkte auf den sogenannten Freizeitbereich entzieht den beruflichen Tätigkeiten ebenfalls einen großen Teil kreativer Energie. Der Bau des eigenen Hauses, die Planung der Urlaubsreise oder die Pflege des Hobbies scheinen weitaus größeren Reiz auszuüben als die Entwicklung eines Bremskraftverstärkers oder die Konzeption einer Verkaufsförderungsmaßnahme.

Nun will diese Feststellung keinesfalls Anlaß zu moralischer Entrüstung sein, allenfalls zum Bedauern darüber, daß offensichtlich nicht allzu viele Menschen in ihren Berufen wirkliche Erfüllung finden. Woran dies liegt? Teilweise mag die Antwort schon dadurch erfolgt sein, daß berufliche Fremdbestimmung ein intensiveres Engagement behindert. Zu bedenken ist sicherlich auch, daß eine Berufs- oder Stellenwahl häufiger materiellen Erwartungen folgt als innerer Neigung und Berufung und daß schöpferische Leistung in den allermeisten Fällen nicht mehr zwingend erforderlich ist, um sich das Leben in guten Umständen zu erhalten.

Wir haben uns eingangs dem Phänomen Kreativität in sehr allgemeiner Betrachtung genähert. In dieser Betrachtungsweise ist der Mensch Objekt und Subjekt kreativer Entwicklung zugleich. Objekt ist er insofern, als ihn die schöpferische Auseinandersetzung mit der ihn umgebenden Realität selbst zu höherer Reife führt. Als kreatives Subjekt wirkt er dabei selbst gestaltend auf seine Umwelt ein.

Wenn wir heute den Wunsch nach mehr Kreativität äußern, dann geht es uns – wir müssen hierin ehrlich sein – weniger um die individuelle geistige Reifung des Individuums in der Erfüllung eines ethischen Auftrages. Vielmehr geht es uns um die Entfaltung von Problemlösungsfähigkeit zur Sicherung und weiteren Verbesserung unserer Lebensbedingungen. Und da unserer Gesellschaft nur das zur Verfügung steht, was sie sich selbst erarbeitet, geht es in erster Linie um die Förderung kreativer Problemlösungsfähigkeit in den Unternehmen.

Kreativität im betrieblichen Innovationsprozeß

Mit dem Begriff Innovation verbinden wir allgemein und in erster Linie technische Neuerungen, die Ergebnisse des Forschens und Entwickelns auf Gebieten wie Fahrzeug-, Computer-, Energie-, Umwelt- oder Kommunikationstechnik, wie Pharmazie oder Chemie. Dies ist erklärlich: Das Neue wird in der gestalthaften Form am augenscheinlichsten.

Natürlich manifestiert sich Innovation nicht nur in Konsum- und Gebrauchsgütern, in Verfahrenstechnik und Anlagen. Auch Organisationsformen, Strategien, Methoden und Handlungsweisen unterliegen im Zuge der Wandlungen dem Zwang, neu gelöst zu werden. Solche «Software»-Innovationen können Gesellschaften in ähnlicher Weise revolutionieren wie grundlegende technische Erfindungen. Die Systeme der Sozialversicherung und der Krankenkassen, die genossenschaftliche Organisationsform oder das Prinzip der Selbstbedienung im Einzelhandel sind in diesem Sinne fundamentale Innovationen. Das ungewöhnliche Vertriebssystem von Tupper-Ware, die Konzeption von Ikea, von McDonalds oder des Club Mediterranée sind weitere Beispiele, die aufzeigen, wie nichttechnische Innovationen den Erfolg von Unternehmen nachhaltig beeinflussen, ja diesem eigentlich zugrunde liegen.

Wenngleich also der Schauplatz der Innovationen noch von der Technik beherrscht zu sein scheint: Die unkörperlichen Innovationen werden in Zukunft überproportional an Bedeutung gewinnen. Als Wettbewerbsinstrument dort speziell, wo sich gegenständliche Produkte technologisch nicht ausreichend differenzieren lassen, auf dem weiterhin stark wachsenden Gebiet der Dienstleistungen – die wir gelegentlich ebenso als Produkte bezeichnen – generell.

Wir können voraussetzen, daß Innovationen auf angewandter Kreativität beruhen, daß Kreativität aus menschlichem Geist hervorgeht (dem der Mitarbeiter aller Ebenen unseres Unternehmens) und daß jeder Mensch über ein bestimmtes Quantum an Kreativität verfügt. Offen bleibt dabei freilich, wie groß dieses Quantum im individuellen Fall ist und wieviel davon im Berufsleben zur Geltung kommt.

THOMAS ALVA EDISON war ein kreativer Mensch. Unter seinen zahllosen Erfindungen befanden sich das Kohlekörnermikrofon, der Phonograph, die Kohlenfadenlampe, der erste von einer Dampfmaschine angetriebene Generator, der Kinetograph, das Vitaskop, das Betongießverfahren, die heute noch üblichen Gewindefassungen für Glühlampen, und er entdeckte die Glühemission («Edison-Effekt»), die die Entwicklung von Radioröhren ermöglichte.

KARL R. POPPER ist auch ein kreativer Mensch, dessen philosophisches Denken alle Bereiche unseres Seins in der Tiefe durchdrungen hat und der Erkenntnis- und Wissenschaftstheorie ihr heute gültiges Fundament schuf. ROBERT BOSCH, WERNER VON SIEMENS, HERMANN JOSEF ABS, HELMUT SCHMIDT, UMBERTO ECO oder STEVEN SPIELBERG waren oder sind kreative Menschen. Doch warum hier diese Aufzählung?

Nun, sie soll uns verdeutlichen, daß Kreativität nicht gleich Kreativität gesetzt werden kann. Schöpferisches Wirken vollzieht sich nicht nur auf den verschiedensten Gebieten, sondern ebenso unterschiedlich kann die Wertigkeit der Ergebnisse sein, die dabei ans Licht gelangen. Man mag sich als kreativ bezeichnen, wenn einem ein flotter Text für eine Werbeanzeige eingefallen ist.

Doch jene Kreativität, die Faust II hervorbrachte, ist von entschieden anderer Gewalt. Erst wenn wir uns neben die großen Kreativen der Vergangenheit und Gegenwart stellen, wird uns (manchmal bedrückend) bewußt, wie bescheiden das kreative Element in uns ausgeprägt ist. Ein durchschnittlicher Diplom-Ingenieur macht in seinem ganzen Berufsleben nicht annähernd so viele Erfindungen, wie EDISON in einem Jahr gelangen. Und dabei darf er sich bereits zur Gruppe der nach unseren Begriffen übergewöhnlich Kreativen zählen. Viele Menschen sind in Pension gegangen, ohne auch nur eine einzige nennenswerte Neuerung in ihrem Tätigkeitsfeld hinterlassen zu haben.

Gewiß: Ob man diesen Aussagen zustimmen kann, wird auch davon abhängen, wie man Kreativität definiert haben möchte. Gegenwärtig, so scheint es, erfährt der Begriff Kreativität in der Allgemeinheit insofern eine gewisse Verflachung, als man geneigt ist, jegliches Abweichen vom Bestehenden, jegliches Produkt schierer Phantasie ohne Würdigung seines Wertes als kreativen Akt zu bezeichnen. Damit jedoch wird Kreativität fallweise bis zur Dümmlichkeit degeneriert, wird sie zu einem Attribut, mit dem sich jeder schmücken kann, der im Grunde nur Unsinn produziert. Diese Erscheinung erklärt auch teilweise jene Skepsis, die man in Unternehmen solchen Vorhaben entgegenbringt, die allzu locker-flockig die notwendigen zukunftssichernden Innovationen erspielen wollen. (Womit die durchaus spielerischen Wesenszüge kreativer Prozesse keineswegs in Abrede gestellt werden sollen!)

Aus der Sicht eines Unternehmens gilt einerseits, daß jeder produktive Gedanke aufgenommen und nach Möglichkeit umgesetzt werden sollte, auch wenn er von geringer Tragweite ist. Das Betriebliche Vorschlagswesen lebt nach dieser Philosophie und gemäß der Erkenntnis, daß sich viele kleine Vorteile zu respektablem Nutzen aufaddieren können. Andererseits wissen wir aber ebenso, daß es letztlich Innovationen größerer Tragweite sind und sein müssen, die dem Unternehmenserfolg sein Fundament geben. Kreativität im Unternehmen bedarf eines hohen qualitativen Anspruchs, wenn nicht gar einer Qualitätsbesessenheit. Gerade in Zeiten eines sich intensivierenden Wettbewerbs sind solche Maßnahmen der Kreativitätsförderung wenig sinnvoll und aussichtsreich, die lediglich die Mengenproduktion mittelmäßiger Lösungen steigern. Die kreative Spitzenleistung muß das Ziel sein – auch wenn eine Menge gedacht werden muß, um diese zu erreichen. Doch welcher Weg führt uns dorthin?

Wir werden der Antwort auf diese Frage ein wenig näherkommen, wenn wir uns bewußt werden, welche Voraussetzungen an die Hervorbringung hochkreativer Leistungen – wie die der oben genannten Persönlichkeiten – geknüpft sind. Wir werden diese im folgenden zwar nicht erschöpfend behandeln, jedoch hoffentlich das Wesentliche erfassen:

1. Kein Gedanke, keine Idee entsteht aus dem Nichts. Sie müssen angestoßen, angeregt werden. Man wird deshalb nur auf solchen Gebieten bemerkenswert kreativ sein, die man gedanklich durchdrungen hat, mit denen man sich intensiv auseinandersetzt. Wichtig ist dabei die Erfassung größerer Systemzusammenhänge, ohne sich in Details zu verlieren. Wer nur das Kleine sieht, erzeugt nur Kleines. Hierin liegt stets eine gewisse Gefahr allzu differenzierter Funktionsteilung und spezialisierten Expertentums. Denn für Experten gilt in der Regel, daß sie ein bestimmtes Fachgebiet zwar perfekt beherrschen, darüber aber die Erkundung übergreifender, anderer Zusammenhänge vernachlässigen müssen.

2. Die gedankliche Auseinandersetzung mit einer Sache muß in bestimmter Weise kritisch erfolgen. Dabei darf keine konsumierende oder in jeder Hinsicht akzeptierende Haltung eingenommen werden. Erst durch die Konfrontation eines Sachverhaltes mit eigenen Vorstellungen, Werten und Zielen treten in der Erkenntnis Mängel und Probleme hervor, oder es werden Chancen ersichtlich, die einen Anstoß zur Lösungsfindung geben.

3. Es muß ein ausgeprägtes Interesse und hartnäckiges Engagement für jene Inhalte gegeben sein, zu denen kreative Lösungen gefordert werden. Erst wenn man sich selbst vorbehaltlos einbringt, wird die so überaus wichtige «innere» Kreativität entfacht, jene im verborgenen wirkende Problemlösungsfähigkeit, die wir mangels besserer Kenntnis als Unterbewußtsein bezeichnen.

Die aus dem Selbst heraus entfaltete Motivation und die unerzwungene Identifikation sind es, die uns Probleme auf einer Ebene weiterdenken lassen, von der uns intuitive Antworten vermittelt werden.

4. Der berufliche Alltag verdeutlicht uns, daß zwischen einer Idee und deren Realisierung enorme Widerstände und Folgeprobleme liegen

können. Wenn wir einen Menschen bereits dann als kreativ bezeichnen, wenn er sozusagen auf der «Wunschebene» viele Ideen zu produzieren vermag, dann sind viele Menschen kreativ. Wenn wir jedoch nur denjenigen kreativ nennen wollen, der eine Sache tatsächlich auch soweit voranbringt, daß sie Wirklichkeit wird, dann nimmt die Zahl der Kreativen dramatisch ab und dann werden fundiertes Wissen, Fleiß, Hartnäckigkeit, Durchsetzungsvermögen und die Befähigung, Rückschläge und Enttäuschungen überwinden zu können, zu unverzichtbaren Ausstattungen kreativer Persönlichkeiten. Freilich bedarf jede Innovation eines Anstoßes, zumindest einer ungefähren Vorstellung dessen, was sein könnte. Und wir wollen nicht abstreiten, daß auch zur Produktion solcher Anstöße ein respektables Maß an Kreativität gehören kann.

5. Wir stellen immer wieder die gedankliche Bindung des Menschen an gemachte Erfahrungen fest. Es hat also den Anschein, daß sich einmal erlernte oder erlebte Muster durch Wiederholung verfestigen und damit gegen gedankliche Umbildungen eine Barriere bilden. Es verwundert deshalb nicht, daß Menschen gelegentlich zu überraschenden Lösungen auf Gebieten befähigt sind, mit denen sie sich erstmals beschäftigen. Sie sind hier noch nicht durch gefügte Strukturen belastet. Um es so auszudrücken: Wenn man eine fertige Zeichnung vorfindet, dann übernimmt man – quasi mit einem bestimmten Grad an Zwang – deren Inhalte. Beginnt man hingegen den Entwurf auf einem leeren Blatt, so ist man sehr viel freier für Alternativen. Der kreative Mensch muß deshalb bereit sein, stets das Gegebene in Frage zu stellen, d.h. ein vorhandenes Muster zu verlassen. Eine neue Problemlösung verlangt die gedankliche Auflösung der bisherigen. Insofern sind Lehrmeinungen und Doktrinen, sind jede Art von Vorurteilen hartnäckige Barrieren gegen schöpferische Neuentwürfe.

6. Neu ist nicht gleichzeitig besser. Deshalb ist innovatives Streben immer der Gefahr ausgesetzt, daß eine neue Lösung im Vergleich zur bestehenden mehr Nachteile als Vorteile mit sich bringen könnte. Natürlich werden wir stets versuchen, unser Entscheidungsverhalten so gründlich anzulegen, daß zumindest grobe Irrtümer ausgeschlossen werden. Dennoch lassen sich die Konsequenzen einer Innovation nicht immer restlos übersehen. Jede Innovation enthält ein größeres oder kleineres Erfolgsrisiko. Deshalb bestimmt die jedem Menschen zu eigene Risikobereitschaft, sein Mut und sein Wagnis, den Spiel-

raum seiner angewandten Kreativität. Die eigentliche Problematik des Innovationsmanagers besteht in der Gratwanderung zwischen verantwortungsvollem Bewahren des Bewährten und verantwortbarem Vorstoßen in Neuland. Auf die Dauer wird der allzu Vorsichtige, Konservative ebenso scheitern wie derjenige, der allzu optimistisch auf gutes Gelingen vertraut. Es ist wahrlich keine leichte Situation und verständlich, daß die Innovationspolitik der kleinen Schritte praktisch am häufigsten befolgt wird.

7. Während Gedanken frei sind, kann der Kreative mit Taten nur in jenen Freiräumen handeln, deren Ausfüllung ihm gewährt ist. Kreative Menschen werden deswegen stets die Neigung haben, die Spielräume ihrer Gestaltung möglichst auszudehnen. Sie leiden unter Einengung und Regulierung. Das Kreative entfaltet sich am ungehindertsten in der Unabhängigkeit, und wir müssen wohl erkennen, daß in unseren beruflichen Feldern viel Kreativität durch das Empfinden von Einengung und Ohnmacht blockiert bleibt. Kreativer Drang will etwas «bewegen», und dies fällt um so leichter, wenn man hierzu über die entsprechende Position und die notwendigen Potentiale verfügt. In diesem Zusammenhang besteht eine der Grundproblematiken der Entfaltung von Kreativität in unseren Unternehmen.

Maßnahmen zur Förderung angewandter Kreativität im Unternehmen

Daß Innovation zu den bedeutungsvollsten Managementaufgaben zählt oder zählen sollte, bedarf heute keiner Begründungen und keiner Belege mehr. Innovativ zu sein gehört einvernehmlich im Leistungsprofil von Führungskräften aller Branchen und Unternehmensgrößen an hochrangige Stelle. Ebenso wurde die Tatsache zum Allgemeingut, daß Kreativität Wurzel und Triebkraft jeglichen Innovationsgeschehens ist. Wie erfolgreich ein Unternehmen im Wettbewerb bestehen kann, gerät also mehr und mehr in Abhängigkeit davon, wie wirksam die Entfaltung kreativer Fähigkeiten gelingt.

Eine Sache zu beherrschen setzt voraus, über diese ausreichend viel zu wissen. Damit sind wir beim Zweck dieses Kapitels angelangt: Es möchte einen kleinen Beitrag zum besseren Verständnis des Phänomens Kreativität leisten, um daraus Anregungen zu bilden, wie auf die Entfaltung von Kreativität eingewirkt werden könnte.

Worin und in welchem Ausmaß sich individuelle Kreativität äußert, wird dadurch bestimmt, ob

☐ sich ein Mensch mit einem Erlebnisbereich überhaupt auseinandersetzen *will*,
☐ man zu kreativen Leistungen auch sachlich befähigt ist, d.h. ob man es *kann*,
☐ innere und äußere Bedingungen kreative Aktivität zulassen, d.h. ob man *darf*.

Wir wollen somit als erstes die Dimensionen Wollen, Können und Dürfen als ursächlich für die individuelle Entfaltung von Kreativität festhalten.

Diese für sich abstrakten Dimensionen gewinnen jedoch erst Bedeutung, wenn wir sie mit konkreten Ausdrucksformen menschlichen Seins in Verbindung bringen. Als solche Ausdrucksformen erachten wir als wesentlich:

1. Der Mensch in seiner individuellen Natur
2. Der Mensch als Ergebnis sozialer Formung
3. Die situativen Bedingungen des (Er-)Lebens

Damit erhalten wir neun phänomenologische Bedeutungsfelder (Bild 1), deren Erkundung und Durchdringung als äußerst notwendig erscheinen, wenn man sich mit Maßnahmen auseinandersetzen will, die auf eine Verstärkung von Kreativität gerichtet sind.

Ausdrucksformen des Seins / Verhaltensdimensionen	Natur des Individuums	Soziale Formung	Situative Bedingungen
Wollen	1	2	3
Können	4	5	6
Dürfen	7	8	9

Bild 1   Phänomenologische Bedeutungsfelder für die Entfaltung von Kreativität

«Wille» als kreativer Antrieb

Bereits die ersten Felder (1 bis 3) konfrontieren uns mit einer bedeutungsschweren Frage: Ist schöpferisches Wollen zwingend mit der Natur des Menschen verbunden – und wenn ja, was mögen Ursachen und Sinn dieser Veranlagung sein? Oder aber betritt der Mensch sein Dasein als unbeschriebenes Blatt, und seine gesamte geistig-charakterliche Formung wird ausschließlich durch Einflüsse aus seiner Umwelt geprägt?

Beobachtungen lassen darauf schließen, daß *innerer* Wunsch und Drang die Hauptauslöser für kreative Leistungen sind. Die großen Kreativen zeigen stets einen eigendynamischen Antrieb, der sich bis zu gewissen Formen der Besessenheit steigern kann. Welche Beweggründe aber liegen hinter diesem kreativen Schaffensdrang? Können wir ihn erreichen, wecken, steuern?

Nun, naturwissenschaftliche Forschung wird uns hierzu vermutlich noch auf längere Sicht keine Antwort geben können. Sicher, die Hirnforschung hat unglaublich beeindruckende Ergebnisse hervorgebracht. Was wir inzwischen über Aufbau und Funktion dieses hochkomplizierten Organs wissen ist wahrlich erstaunlich. Aber dennoch ist das kognitive Geschehen nicht restlos neurobiologisch oder biochemisch zu erklären – es bedarf der zusätzlichen Hypothese von der Existenz eines interaktiven «selbstbewußten Geistes», über dessen Natur allerdings gegenwärtig keine gesicherte Aussage möglich ist [17].

Die Suche nach Antworten über die Motivation zu Kreativität wird sich also eher psychologischen und philosophischen Erkenntnissen zuwenden müssen. Hier sind die vorfindbaren Theorien zwar so zahlreich, daß die absolut richtige möglicherweise darunter ist – alleine es fehlt uns an der Beweiskraft, diese als solche eindeutig zu identifizieren. Notgedrungen wird man sich weiterhin in spekulativen Gebäuden bewegen müssen.

ERIKA LANDAU hat in dankenswerter Weise die wesentlichen psychologischen Theorien über Motivation zu Kreativität in eine Übersicht gebracht [18]. Wie so oft finden wir auch hier erklärende Ansätze, die zu akzeptieren uns etwas schwerfällt, wie etwa jene von FREUD, GROTJAHN oder BARRON. Stellvertretend für diese Theorienrichtung sei hier MCCLELLAND genannt, den ERIKA LANDAU wie folgt zitiert:

«Der zukünftige Wissenschaftler ist einfach ein Junge, der seine Schuldgefühle aus der Liebe zur Mutter und dem Haß gegen den Vater durch eine frühe und vollständige Identifikation mit dem Vater, wahrscheinlich in der phallischen Phase, auflöst.» [19]

Ich wage hierzu keinen Kommentar.

Die bei LANDAU beschriebenen «Herausforderungs-» oder «existentialistischen Theorien» sehen im Menschen mehr oder weniger die Neigung veranlagt, sich aktiv mit seiner Umgebung auseinanderzusetzen, um daraus ein besseres Verständnis seiner selbst und der Lebenszusammenhänge zu gewinnen. MASLOW gebraucht dabei den Begriff der Selbstaktualisierung [20], verstanden als kreativen Drang, der den Menschen in eine bestimmte schöpferische Richtung führt. Seine Kreativität läßt den Menschen geistig reifen und erhält seine psychische Gesundheit. Wir sehen hier nicht nur bemerkenswerte Berührungen zu Spinozas obenerwähnter Ethik, der im Menschen das eingegebene Streben von geringerer zu größerer Vollkommenheit erkennt, wobei das begleitende Empfinden von Freude und Erfüllung an kreativen Prozessen vermutlich von vielen kreativen Menschen geteilt wird. Der angelegte kreative Drang, der «in eine bestimmte Richtung führt» (MASLOW), weist ebenso auf die buddhistische Philosophie, nach der ein Mensch – durch geschaffenes Karma – mit vorgegebenen Erkenntnisaufgaben in ein weiteres Dasein tritt.

Wir neigen hier zu dieser Annahme, daß dem Wesen des Menschen ein Streben nach Erkenntnis und Reife veranlagt ist und daß schöpferische Fähigkeiten zu den Voraussetzungen gehören, die dabei notwendigen Erfahrungen zu machen und gegebene Lebensumstände zu bewältigen. Nichtsdestoweniger wird sein tatsächliches kreatives Wirken durch seine soziale Umgebung überlagert und geprägt. Dies betrifft vor allem die Übernahme von Werten und Zielen.

Ohne jeden Zweifel befinden wir uns heute in einer sehr lebenswerten Kultur. Wir haben uns Bedingungen mit verlockenden Annehmlichkeiten geschaffen, und der Wunsch, möglichst viel davon zu genießen, wird zu einer mächtigen Triebfeder des Handelns. Unsere Gesellschaften haben für die Menschen im Durchschnitt einen Wohlstand hervorgebracht, der noch vor hundert Jahren als schiere Utopie gegolten hätte.

Es kann nicht ausbleiben, daß eine wohlstandsorientierte Gesellschaft Erfolg zur Tugend erhebt und die Auffassung festigt, daß sich Leistung «rentieren» muß. Erfolg manifestiert sich primär in materiellen Verfügbarkeiten und in gesellschaftlicher Anerkennung. Und damit – so glauben wir – sind auch die Hauptanreize für Leistungsentfaltung definiert: mehr Einkommen, mehr Vergünstigungen, mehr Rang und Status. Dabei gilt gleichzeitig so eine Art «Relativitätsgesetz»: Wer nichts oder nur wenig hat, strengt sich bereits mächtig an, um nur ein wenig mehr zu bekommen. Demjenigen, dem es schon gutgeht, muß erheblich mehr geboten werden, damit er eine zusätzliche Leistung erbringt. Nun ist es jedoch sehr fraglich, ob man diese gewohnte Sichtweise auch vorbehaltlos auf schöpferisches Wirken übertragen kann. Sicherlich wird mancher Erfinder durch das Ziel angespornt, sich aus Lizenzeinnahmen ein angenehmes Leben zu verschaffen, gewiß können Ehrgeiz und Eitelkeit, der Wunsch nach Macht oder das Bedürfnis, eine überragende Persönlichkeit zu sein, zu den Großen der Welt zu gehören, enorme Schaffensprozesse auslösen.

Finden wir aber nicht auch völlig andere Antriebe der Kreativität? Was veranlaßt ein Kind, sich ein Spielzeug nach seiner Phantasie zu basteln, was trieb VAN GOGH, der doch zeitlebens kein einziges Gemälde verkaufen konnte? Wie verkraftete FELIX WANKEL die dauernden Rückschläge bei der Entwicklung seines Kreiskolbenmotors? Welche Motive brachten die Werke eines ARISTOTELES, PLATON, DA VINCI, ERASMUS, GOETHE, NEWTON oder EDISON hervor?

In diesen Fällen und bei diesen Menschen höchster Kreativität dürfen wir vermuten, daß es der Sinn einer Sache als solcher war, der zur Hingabe veranlaßte. Nicht irgendeine Belohnung durch die Gesellschaft war Motivation des Handelns, sondern *innere Bestimmung*, die individuellen Werten und Zielen folgte, selbst wenn diese dem Handelnden vielleicht nicht immer in voller Klarheit bewußt waren. Gegenwärtige Kreativitätsforscher bestätigen diese Annahme, indem sie bei überdurchschnittlich kreativen Menschen häufiger feststellen, daß sie Befriedigung und Erfüllung aus der Beschäftigung mit einer Sache selbst ziehen. Sie wählen ihre Tätigkeiten viel mehr nach innerer Neigung denn im Hinblick auf erwartbare Belohnung. Nicht zuletzt deshalb sind sie sehr viel unabhängiger von Status, wenngleich ihnen die Gesellschaft wegen ihrer hervorragenden Leistungen einen hohen Status verleiht. Im Gegenteil: Hinsichtlich ihrer eigenen Person und ihrer eigenen Ansprüche sind sie oft von erstaunlicher Bescheidenheit. Diese sehr starke Innenlenkung macht hochkreative Menschen sehr viel freier von den Urteilen ihrer Außenwelt, vor allem bezüglich ihres sozialen Verhaltens. Sie legen weniger Gewicht auf ein Rollenverhalten, das nur auf gesellschaftliches Vorwärtskommen ausgerichtet ist, und reagieren dementsprechend wesentlich weniger auf materielle Motivatoren. Kein Wunder, daß sie häufig anderen wie Sonderlinge anmuten, gilt doch derjenige als unvernünftig, wenn nicht gar dumm, der seine Fähigkeiten nicht maximal profitabel einsetzt. Diese kreativen Menschen aber sind innengesteuert, sie folgen primär und wenig beirrbar ihren eigenen Werten und Vorstellungen. Auf diese Weise ecken sie besonders häufig an, überraschen die Umwelt mit ihren ungewöhnlichen Meinungen oder Problemlösungen und werden dann oft als Störenfriede empfunden. Da kreative Menschen öfter als andere mit zuwiderlaufenden Auffassungen (der Mehrheit) konfrontiert werden, entwickeln sie kompensatorische Ironie und nehmen nicht selten misanthropische Züge an. Weil sie Äußerliches nicht bis in die Tiefe ernstnehmen und wegen ihres schöpferischen Vorstellungsvermögens weniger am Bestehenden haften, neigen sie eher zu Gelassenheit und Humor – Eigenschaften, die ihnen fallweise als ein gewisses Maß an Arroganz ausgelegt werden können.

Menschen dieser Art kann man nicht einfach vor den eigenen Karren spannen. Sind sie von einer Sache nicht überzeugt oder fühlen sie sich in ihrer Entfaltung behindert, so werden sie sich eher als andere verweigern. Viele kreative Geister waren in so finsteren Zeiten wie der Inquisition «störrisch» genug, lieber den Scheiterhaufen zu besteigen, als ihren Ideen abzuschwören.

Die Inquisition gibt es heute nicht mehr. Aber immer noch werden sich kreative Menschen bedroht fühlen von rigiden Lehrmeinungen, von Normen, Tabus und heiligen Kühen, von Verwaltungsvorschriften, von bürokratischen Regeln, von engstirnigen Mitmenschen und vor allem von der Notwendigkeit des ökonomischen Prinzips: ihre Kreativität im Beruf ausschließlich auf solche Ziele richten zu müssen, die wirtschaftlich lohnend sind.

Jeder Mensch mit ausgeprägt veranlagter Kreativität, den sein Wesen weniger zum Erdulden als zum aktiven Gestalten bestimmt hat, wird jede Form der Fremdbestimmung wesentlich sensibler erleben als der Nichtkreative. Je nach Umfeld kann eigene Kreativität deshalb mehr als Gnade, aber auch mehr als Strafe empfunden werden.

Diese Betrachtungen lassen erkennen, vor welchen grundsätzlichen Schwierigkeiten wir bei der Aufgabe stehen, Kreativitätsentfaltung in den Unternehmen zu fördern. Die Wahrscheinlichkeit, daß die im Beruf gestellte Aufgabe und die Bedingungen der Aufgabenerfüllung mit den inneren Neigungen zu schöpferischer Tätigkeit übereinstimmen, ist im Einzelfall vermutlich nur gering. Der überwiegende Teil der schöpferischen Energie – soweit diese bei der vorherrschenden Konsumhaltung überhaupt freiwerden – wird sich in jenen Bereichen entfalten, die wir als Freizeitsektoren bezeichnen [21]. Diese Energien in die Unternehmen (zurück) zu holen, dürfte kaum im Geniestreich gelingen. Mögliche Ansätze sollen gleichwohl später diskutiert werden.

Aus dieser kleinen Abhandlung über Kreativität und Wollen können wir nun folgende Thesen herausdestillieren:

1. In jedem Menschen sind – wenn auch unterschiedlich stark – Wunsch und Drang zu schöpferischen Aktivitäten angelegt.

2. Kreativität ist für den Menschen eine Befähigung, die seiner geistigen Reifung und einem verankerten Erkenntnisauftrag dient. Der Mensch ist also nicht nur Subjekt, sondern gleichzeitig auch Objekt seiner kreativen Tätigkeit.

3. Kreative Prozesse können und sollen Gefühle der Freude und des Glückes vermitteln.

4. Jeder Mensch ist zu bestimmten kreativen Schaffensinhalten besonders veranlagt und geneigt.

5. In der Empfindungstiefe sucht Kreativität nicht primär materielles Entgelt, sondern Verfolgung eines Sinnes oder Wertes, auch wenn dieser nicht eindeutig bewußt ist.

6. Kreative Menschen sind in hohem Maße innengelenkt und als Persönlichkeiten autonom.

7. Kreative Menschen sind weniger konform und zeigen weniger Scheu, ihre persönlichen Auffassungen gegenüber Autoritäten und Mehrheiten zu behaupten.

8. Kreative Potentiale entfalten sich voll nur auf jenen Gebieten, die einer inneren Neigung entsprechen.

«Können» als kreative Befähigung

Die Natur stattet jedes ihrer Lebewesen mit Fähigkeiten aus, die ihrer Seinsform und Seinsbestimmung entsprechen. Während zwei Apfelbäume oder zwei Schmetterlinge in ihrem Fähigkeitsprofil ziemlich überdeckend sind, stellen wir jedoch fest, daß Menschen mit extrem unterschiedlichen Fähigkeiten ausgestattet sein können: das Schachgenie im Vergleich zum Modeschöpfer, der technische Tüftler im Vergleich zum Dirigenten. Wie es zu diesen – vor allem zu den geistig-seelisch-charakterlichen – Unterschieden kommen kann, ist schwer zu erklären. Nach unserer kartesischen Wissenschaftsauffassung würden wir es am liebsten durch Vererbung begründen; dem widersprechen jedoch zu viele Beobachtungen. Die schlüssigste Antwort gäbe – wenn wir zwischen allen Theorien auswählen könnten – wohl wiederum die Reinkarnationstheorie. In unserem Kulturkreis finden wir jedoch wenig Bereitschaft, sich damit auseinanderzusetzen. Unabhängig davon können wir von der Tatsache ausgehen, daß Menschen individuell sehr spezielle Talente haben können und daß ihr geistiges Innenleben von unterschiedlicher Vielfalt und Lebhaftigkeit ist.

Angewandte Kreativität drückt sich in bestimmten geistigen Operationen und Bewußtseinshaltungen aus. Zu diesen gehören eine offene Wahrnehmung, die Fähigkeit, vielseitige Betrachtungsstandpunkte einzunehmen, analytisches Durchdringungsvermögen, verbunden mit der Bereitschaft, Erkenntnismuster aufzulösen und durch andere zu ersetzen, spielerischer Umgang mit Denkinhalten, Neugier und Experimentierfreude, Gefühl und Hineinversetzungsvermögen oder die Interpretation symbolischer Inhalte. Diese Fähigkeiten sind sehr wahrscheinlich unterschiedlich veranlagt, werden durch unsere Bildungsinstitutionen aber in eine eher einheitliche Form zurückgeschliffen. Unsere Auffassungen über gesunden Verstand präferieren Analytik, Schlußfolgerung und Gedächtnisleistung. Dabei dienen uns die Gesetze der Logik und allseits anerkannte Lehrgebäude als jederzeit gültige Maßstäbe für «falsch» und «richtig».

Nun ist ein geistiges Reich der Vernunft alles andere als sinnwidrig, aber einseitig. Inzwischen mußten wir einsehen, daß sich kreative Prozesse mit dominant logischen Operationen nicht befriedigend bewältigen lassen, sondern daß wir kreativitätsspezifische Denkoperationen entweder wieder zurückgewinnen oder uns damit bereichern sollten, wenn sie zu gering veranlagt waren. Die Hirnforscher haben auch schon für uns herausgefunden, welche Hälfte des Hirns dabei angesprochen werden muß [22]. Wir sind jedoch noch nicht soweit, daß wir an die entsprechende Stelle einen Trichter montieren können, um das Fehlende durch diesen einzuschütten.

Für die Annahme, daß kreative Veranlagung restimuliert werden kann, spricht auch eine Beobachtung bei Trainingsmaßnahmen über Kreativitätstechniken (siehe Kapitel 6), die ja großenteils kreativitätsspezifische Denkoperationen verkörpern. Manche Teilnehmer an solchen Seminaren springen auf solche Techniken geradezu an, als würde mit diesen ein latentes Potential gezündet. Sie haben eine innere Wellenlänge, die diesen Prozessen entspricht, und sie geraten sehr schnell in kreative Schwingungen. Andere hingegen bleiben davon mehr oder weniger unberührt und tun sich mit den geforderten Denkprozessen sehr schwer. Sie müßten – wenn sie es überhaupt wollten – sich etwas mühsam erarbeiten und anlernen, was nicht bereits in ihrem Inneren schlummerte. Verständlicherweise ist man dabei nicht immer – eher nur in Ausnahmefällen – bereit, die jetzt mit Kreativitätsentwicklung notwendigerweise verbundenen Lernprozesse zu absolvieren, wobei der geprägte Intellekt das eigene Ablehnungsverhalten auf beruhigende Weise unterstützt. Geschult und durch ein langes Leben in der Auffassung bestätigt, daß nur logisch-rationale Gedankenbahnen Sinn und Vernunft haben, werden die alogisch-irrationalen Denkoperationen der Kreativitätstechniken als eine besondere Form der Dummheit verworfen. Diese relativ weitverbreitete Haltung bringt Kreativitätsentwicklung und vor allem die Anwendung von Kreativitätstechniken in ein arges Dilemma: Zwar wünscht man kreative Ergebnisse, stellt jedoch die Anforderung, daß der dorthin führende Prozeß ausschließlich logisch-rationaler Art sei. So merkwürdig es ist: Der Glaube an die Überlegenheit der Intelligenz wird häufig zur hartnäckigsten Blockade gegen Kreativität.

Kreative Potentiale werden auch heute beim sich entwickelnden jungen Menschen nicht nur zu wenig gefördert (viele Pädagogen meinen noch, mit schulischen Mal- und Bastelstunden sei dem Genüge getan), sondern werden ebenso viel zu selten Grundlage und Orientierung der Lebensplanung. Dazu besteht freilich auch wenig Anlaß, da sich alle beruflichen Wege heute jedem öffnen, der auf dem entsprechenden Zweig solides Handwerkszeug, Grundwissen, Auffassungsvermögen und Anpassungsbereitschaft vorweisen kann. So kommt es in der Regel dazu, daß Berufe, die unter heutigen Wettbewerbsbedingungen eigentlich ein hohes Maß an Innovationsfähigkeit erfordern – Forschung, Entwicklung, Produktions- und Verfahrenstechnik, Marketing –, begonnen werden konnten und können, ohne daß besondere kreative Fähigkeiten vor sich selbst oder anderen nachgewiesen werden müssen. Es verwundert deshalb nicht, daß selbst in den genannten Innovations-Schlüsselbereichen relativ selten Menschen angetroffen werden, die beeindruckende Kreativität entfalten. Vergleichsweise sehr viel mehr Stellen werden – bei aller Einsatzbereitschaft der Stelleninhaber – doch mehr oder weniger so verwaltet, wie man es gelernt hat. Wird man dann mit Problemen konfrontiert, deren Lösung ein überdurchschnittliches Maß an Kreativität voraussetzen, so kann es geschehen, daß man diesen Anforderungen relativ hilflos gegenübersteht. Insgesamt – an dieser Feststellung kommt man schlecht vorbei – ist die Ausbringung an innovativ-kreativen Leistungen etwa in Entwicklungsbereichen zu gering, gemessen an der Zahl der eingesetzten Köpfe und der verfügbaren technischen Ressourcen. Ausnahmen bestätigen nur die Regel.

Wo wenig Wolle ist, kann nicht viel gesponnen werden. Diese nicht bestreitbare Volksweisheit hat ebenso für kreative Prozesse ihre Gültigkeit. Was nützt es einem, wenn man über die flexibelsten gedanklichen Operationen verfügt, aber wenn man kein Wissen hat, das man damit verarbeiten kann? Es ist gerade so, als ob der Maler Talent und Pinsel bereit hätte, aber weder Ölfarben noch Leinwand. Auch bei ihm kann sich eine vorhandene Veranlagung nicht in kreative Ergebnisse niederschlagen.

Wissen allein ist zwar keine hinreichende, aber notwendige Voraussetzung für kreative Leistungen, wenigstens dann, wenn gezielt Wertvolles entstehen soll. Dabei kann das verfügbare Wissen in dreierlei Hinsicht betrachtet werden.

Wichtig ist nicht nur die absolute Wissensmenge, sondern ebenso die Vielfältigkeit des Wissens und seine Relevanz. Zehn physikalische Gesetze zu kennen ist für kreatives Schaffen wertvoller, als zehn Telefonnummern im Kopf zu haben. Der Maschinenkonstrukteur, der auf dem Wissensstand von 1920 stehengeblieben ist, wird kein Aggregat entwerfen können, das einem zeitgemäßen ebenbürtig ist.

Dies läßt verstehen, daß kreativen Menschen eine überdurchschnittliche Wißbegier zu eigen ist. Sie interessieren sich nahezu für alle Dinge und sind stets offen, über den Zaun ihres eigentlichen Fachgebietes zu schauen. Dabei entwickeln sie pausenlos gedankliche Querbeziehungen, wie sich neu erworbenes Wissen mit ihren bisherigen Erfahrungen in Verbindung bringen läßt und welche neuen Möglichkeiten sich daraus ergeben könnten. Bezüglich ihrer Öffnung pendeln kreative Menschen übrigens gern zwischen zwei Extremen: Phasenweise suchen sie den Kontakt, den Dialog, und zeigen sich von größter Aufgeschlossenheit. Dann aber sind sie auch wieder gerne alleine in ihrer Gedankenwelt, und sie können sich recht grantig gegen unwillkommene Eindringlinge wehren.

Tendenziell gilt, daß der Generalist ein größeres Kreativitätspotential aufweist als der in engen Grenzen hochspezialisiert ausgebildete Mensch. Letzterer mag zwar im Detail Hervorragendes leisten, aber kreative Entwürfe von übergreifender Bedeutung sind von ihm weniger zu erwarten.

Jeder Kreative wird sehr darunter leiden, wenn ihm interessierende Wissensgebiete verschlossen bleiben, wenn experimentelle Möglichkeiten fehlen oder genommen werden oder wenn seine Schaffensziele als gesellschaftlich wertlos betrachtet werden und somit seiner kreativen Existenz die Grundlage genommen wird. Er wird unter solchen Umständen mit aller Macht versuchen, seine Situation zu ändern, und sich weniger fragen, welchem Herrn er dient, solange er nur auf seinen geliebten Gebieten weiterarbeiten kann.

Nach verbreiteter Auffassung steht dem Menschen nur jenes Wissen zur Verfügung, das er sich im Laufe seines Lebens erworben hat. Ob diese Auffassung letztlich wahr ist oder ob in kreative Prozesse nicht auch Wissen einfließt, das aus anderen, schwer zu definierenden Quellen stammt, dürfte immer noch in eine auf Spekulationen beruhende Debatte führen. Wie dem auch sei: Wir wissen um Phänomene, die sich einer exakten Beschreibung, einem begreifenden Verstehen weitgehend entziehen, und die von uns – deshalb? – gerne ins Nicht-Existente verdrängt werden. Zu solchen Phänomenen gehören außersinnliche Wahrnehmungen oder ein intuitives Wissen um Dinge, das man «eigentlich» gar nicht hätte haben können. Es ist so, als ob etwas in uns schon angelegt war und nun unmittelbar ins Bewußtsein tritt. Wie konnte der Philosoph LEUKIPPUS die Existenz von Elementarteilchen behaupten, die sein Schüler DEMOKRIT dann «Atome» nannte? Was hat der amerikanischen Physikerin und Nobelpreisträgerin MARIA MAYER eingegeben, daß der Atomkern aus konzentrischen Schalen besteht, die in einem bestimmten Zahlenverhältnis mit Protonen und Neutronen belegt sind? [23] Welches Material fließt in Träume ein, und welcher Wille ist es, der das Traumgeschehen formt? Was umfaßt tatsächlich jener geistige Bereich, den wir mangels besserer Bezeichnung das Unterbewußte nennen? Ist es so, daß wir – wie es CARL GUSTAV JUNG sagte – schon in diesem Leben an das Grenzenlose angeschlossen sind? Wir finden zahlreiche Hinweise, daß ein verständnisvollerer Zugang zu den Kräften unseres Unterbewußtseins für die Entfaltung unserer Kreativität von elementarer Auswirkung sein könnte. Ob wir allerdings angesichts unserer verbreiteten Skepsis gegenüber metaphysischen Phänomenen und unserer hektisch-oberflächlichen Lebensweise alsbald davon profitieren werden, erscheint äußerst fraglich.

Auch diese Aussagen für die Felder 4 bis 6 wollen wir wieder thesenartig verdichten:

9. Kreative Leistungen sind für die sie erschaffenden Individuen gleichermaßen bedeutungsvoll. Ein Kind mißt seinem gemalten Bild den gleichen Wert zu wie ein Techniker seiner Erfindung.

10. Kreativität sucht aus sich heraus die Vielfalt und bedarf der Offenheit der Erkundung.

11. Kreative Prozesse können als bestimmte kognitive Operationen verstanden werden, mit denen wir Bewußtseinsinhalte (Wissen) verarbeiten.

12. Die Ergebnisse kreativen Denkens sind Möglichkeiten bzw. vorstellbare Realitäten und als solche weder absolut richtig noch falsch.

13. Kreative Ergebnisse können nicht ausschließlich logisch gewonnen werden.

14. Die Aneignung kreativitätsspezifischer Denkoperationen ist zeitgebunden, d.h. folgt einer Lernkurve.

15. Intelligentes Denken und die Regeln der Logik sind zu Unrecht von höherem Stellenwert als kreative Fähigkeiten.

16. Nur wenige Menschen haben berufliche Tätigkeiten gefunden, die vollends ihren (oft verborgenen) Neigungen und Veranlagungen entsprechen.

17. Die erzielbaren kreativen Ergebnisse sind eng mit dem verfügbaren Wissen verbunden – im Hinblick auf Menge, Struktur und Relevanz des Wissens.

18. Es ist nicht auszuschließen, daß metaphysische Phänomene in intuitiv-kreative Vorgänge einwirken.

«Dürfen» als kreativer Freiraum

Wollen und Können bleiben ergebnislos, wenn sich Gedanken und Taten nicht entfalten dürfen, wenn diese von – gleich, welchen – Mechanismen unterdrückt werden. Wir müssen in den jetzt diskutierten Bedeutungsfeldern (7 bis 9) unsere Aufmerksamkeit deshalb darauf richten, ob und welche blockierenden Gegebenheiten kreative Prozesse unterbinden.

Wenn wir den Menschen zunächst wieder in der Natürlichkeit seines Wesens betrachten: Sind in ihm solche Grenzen angelegt, die seine kreative Entfaltung limitieren?

Nun, einen Mechanismus können wir sehr rasch identifizieren. Jedes lebendige Wesen folgt dem Instinkt, seine Existenz zu erhalten. Zumindest in physischer Hinsicht kann aber das Verlassen gewohnter und gesicherter Vorgehensweisen unabsehbare Gefahren mit sich bringen. Davor bewahrt uns ein intuitives Schutzprogramm aus Scheu und Ängsten, d.h. aus Vermeidungsverhalten. Tatsächlich beobachten wir bei kreativen Prozessen häufig Ängste vor dem Ungewissen, die uns einen Gedanken nicht weiterdenken lassen. So, wie wir einen schwankenden Steg auch dann erst betreten, wenn wir ihn begutachtet, geprüft und seine Tragfähigkeit vorsichtig getestet haben, betrachten wir auch unsere Gedanken äußerst kritisch und sind schnell bereit, sie wieder zu verwerfen, wenn sie uns nicht vollends «tragfähig» erscheinen. In uns wirkt also ein kritisches Regulativ, das uns einerseits vor Unbedachtem bewahrt, andererseits aber unserer gedanklichen Entfaltung Grenzen setzt, da unbekümmerte spielerische Assoziationen unterbrochen werden. Je höher die innere Kritikschwelle ist, um so restriktiver wird ihre Wirkung auf kreative Prozesse. Deshalb können wir verstehen, wenn SCHILLER an seinen Dichterfreund KÖRNER schreibt: «Bei einem schöpferischen Kopf, däucht mir, hat der Verstand seine Wachen von den Toren zurückgezogen. Die Ideen stürzen pele-mele herein, und alsdann erst übersieht und mustert er den großen Haufen.» Scheu, mangelnde Zuversicht und mangelndes Vertrauen in die eigenen Fähigkeiten gehören zweifellos zu den wirksamsten intrapersonellen Kreativitätsblockaden.

Inwieweit andere Regulative von Kreativität – etwa in der Art natürlicher Gewissensinstanzen – den Menschen von Anfang an in sein Dasein begleiten, wird nicht ohne weiteres zu beantworten sein.

Wir dürfen jedoch einigermaßen gesichert davon ausgehen, daß der Mensch von der ihn umgebenden Gesellschaft – Familie, Freunde, Schule, Beruf – ein Wertesystem übernimmt, das sowohl das Maß seiner kreativen Aktivitäten als auch deren Inhalte wesentlich prägt. Wer streng nach den Maximen erzogen wurde, daß der Klügere stets nachzugeben hätte, daß man bei allem darauf achte, was die Leute dazu sagen, daß «man» (jene unangreifbare anonyme Instanz) diese und jene Meinung vertrete und daß der Höhergestellte schon deshalb alles besser wissen müsse, weil er sonst seine Position nicht erreicht hätte – um dessen Kreativität wird es vermutlich nicht gut bestellt sein. Dieser Mensch wird nichts als Mauern um sich empfinden, er wird seine Aufgabe im Dienen und Sichanpassen sehen. Dabei mag er sogar recht glücklich sein – nur kreativ ist er nicht.

Natürlich muß jede funktionierende, in sich stabile Gesellschaft Regeln und Ordnungen herausbilden, die einer völlig ungehemmten individuellen Entfaltung Grenzen setzen. Dies gebieten nicht nur gegenseitige Achtung und gegenseitiger Respekt, die wir uns schulden. Jede Organisation bedingt eine Funktionentrennung, und ihre Stabilität setzt voraus, daß man übernommene Rollen auch zu erfüllen bereit ist. Ebenso darf der einzelne nicht erwarten oder das Recht für sich in Anspruch nehmen, daß er stets seine persönliche Vorstellungen durchsetzen kann, auch wenn sie ihm noch so glorreich erscheinen. Andererseits muß aber ebenso erkannt werden, daß mit Verantwortung und Macht ausgestattete Positionen nicht durchweg mit Personen besetzt werden, die diese allwissend ausfüllen. Wer von den Betroffenen das vor sich nicht zugeben möchte, wer sich selbstherrlich gegenüber anderen Meinungen und Ideen verschließt, der wird in seinem Umfeld freilich als tragische Kreativitätsblockade empfunden werden.

Auf Kreativität restriktiv wirksame Einflüsse ergeben sich nicht nur aus dem unmittelbaren Miteinander im beruflichen wie privaten Alltag – zum Obengenannten können wir beispielsweise hinzufügen den Wettbewerb um Karriere und Einkommen, Sympathien und Antipathien, Egoismen, Stolz, Bevormundung, Arroganz, Cliquenbildung oder Expertendünkel –, sondern auch aus gesellschaftsumspannenden Wertevorstellungen, ethischen Prinzipien, Ideologien und Weltanschauungen. Diese unterdrücken Kreativität zwar selten grundsätzlich, zwingen sie aber in Richtungen, in die mancher schöpferische Geist nicht mehr zu folgen gewillt ist. Gerade bei strikten

Ideologisierungen sind es oft die fähigsten kreativen Köpfe, die dann der Gesellschaft ihren Dienst versagen und je nach Mentalität und Möglichkeit die innere oder äußere Emigration wählen.

Wiederum leiten wir hieraus einige Thesen ab. Es sind:

19. Das von einem Menschen übernommene bzw. ihm aufgeprägte Wertesystem bestimmt Inhalte und Mächtigkeiten seiner schöpferischen Aktivitäten.

20. Die Entfaltung von Kreativität bedarf des Empfindens sozialer Verantwortung.

21. Soziale Konflikte jeglicher Form neigen eher dazu, kreative Energien zu absorbieren denn freizusetzen.

22. Jegliche vernunftwidrige Reglementierung, Dogmatisierung und Ideologisierung lähmt kreative Energien und Initiativen.

Kreativitätsfördernde Maßnahmen

Wenn im folgenden Maßnahmen aufgezeigt werden, die sich zur Förderung und Entfaltung von Kreativität im Unternehmen anbieten, dann handelt es sich dabei um kein geschlossenes und in sich vollständiges Modell. Solche Modelle zu entwerfen würde auch wenig Sinn machen, zumal sich die betrieblichen Ausgangssituationen von Unternehmen zu Unternehmen äußerst unterschiedlich darstellen können. In der Praxis wird es gelten, aufgrund einer Analyse jene Maßnahmen auszuwählen und anzuwenden, die situativ am wirkungsvollsten eingeschätzt werden.

Der besseren Übersichtlichkeit wegen wollen wir unsere Empfehlungen zur Kreativitätsförderung nach Maßnahmebereichen gliedern. Die korrespondierenden Thesen über Kreativität und kreative Prozesse werden den jeweiligen Aussagen zu den einzelnen Maßnahmebereichen in der Art von Fußnoten beigefügt.

Erzeugung von Einstellungen und Verhaltensweisen

☐ Wir wissen generell zu wenig über die Natur des Phänomens Kreativität und über die Besonderheiten kreativer Prozesse. Diese Wissenslücken sind durch aufklärende Maßnahmen zu beseitigen. Es muß eine aktive Auseinandersetzung mit Kreativität eingeleitet werden.

155

- Kreative Fähigkeiten müssen einen höheren Stellenwert erhalten. Dabei ist zu verdeutlichen, daß nach unseren intelligenztypischen Auffassungen kreativen Prozessen «Denkfehler» zwingend zu eigen sind (erratisch, von Versuch und Irrtum begleitet, hypothetisch, spekulativ, spielerisch).
- Toleranz und Aufgeschlossenheit gegenüber Ideen gleich welcher Art sind als wünschenswerte Geisteshaltungen zu betonen. Die Bereitschaft, sich mit neuem Gedankengut auseinanderzusetzen, muß als vorteilhaftes Persönlichkeitsmerkmal gelten.
- Individuelle Ausdrucksformen, mögen sie Arbeitsstile oder Werthaltungen betreffen, sind wechselseitig zu akzeptieren, solange sie nicht zu ernsthaften gegenseitigen Beeinträchtigungen führen.
- Den Mitarbeitern des Unternehmens sind Sinn und Wert zu ihren Tätigkeiten zu vermitteln. Sie bedürfen einer «Philosophie», die sie als Handlungsmaxime akzeptieren [24].
- Es ist die Einsicht zu wecken, daß kreative Entwicklung ein Prozeß ist, der nicht ad hoc erfolgen kann, sondern ausdauernder persönlicher Bemühungen bedarf.

(Thesen 9, 11, 13, 14, 15, 18, 19, 20)

Gestaltung von Arbeitsinhalten und deren Ausführung

- Die Arbeitsinhalte jeder Stelle sollten möglichst verschiedenartige Tätigkeiten umfassen. Bei dominant schöpferischen Aufgaben sollte flexibel zwischen mehreren Projekten gewechselt werden können (Mehrfachbeauftragung).
- Das Prinzip des Job-Rotation ist weitgehend zu verwirklichen.
- Es sind mehr Bemühungen zu unternehmen, den Menschen beim Auffinden ihrer wirklichen Neigungen und Fähigkeiten zu helfen und ihnen entsprechende Tätigkeiten anzubieten.
- Neigungsbedingten Wünschen nach Arbeitsplatzwechsel sollte großzügig entgegengekommen werden.
- Die Wege der Arbeitsausführung sind weitgehend den Entscheidungen des Ausführenden zu überlassen. Methoden und Prinzipien dürfen nicht um ihrer selbst willen zur Pflicht werden.
- Soweit es mit einer Stelle vereinbar ist, sollten ihrem Inhaber disponible Zeitanteile und «Experimentier-Budgets» für völlig eigenständige Vorhaben gewährt werden.

(Thesen 1, 4, 6, 8, 10, 16, 22)

Unterstützende sachliche und methodische Hilfen

☐ Mitarbeiter mit kreativitätsfordernden Aufgaben sollten offenen Zugang zu allen betrieblichen Potentialen (Anlagen, Wissensträger) haben.

☐ Es sind großzügig Arbeitsmittel bereitzustellen, die kreatives Problemlösen unterstützen (experimentelle Gerätschaften, Visualisierungshilfen jeder Art, geeignete Software).

☐ Dem Mitarbeiter sollte die Gelegenheit gegeben werden, seinen Arbeitsplatz nach persönlichen Bedürfnissen zu gestalten.

☐ Es sind in ausreichendem Maße Zonen zu schaffen, in denen – abgeschirmt von jeglichen Störungen – kontemplatives Arbeiten möglich ist.

☐ Bei der Bewältigung seiner Probleme sollte es dem kreativen Mitarbeiter freistehen, auch externe Hilfen (Spezialisten, Informationen) heranzuziehen.

☐ Der Mitarbeiter soll seinen Bedarf an weiterem Wissen und an weiterer Erfahrung artikulieren. Dieser Bedarf ist durch geeignete Bildungsangebote im Rahmen des Möglichen zu erfüllen.

☐ Es ist eine Aufnahmebereitschaft für Problemlösungsmethoden zu erzeugen, die schöpferische Prozesse aktivieren. Dies gilt in besonderer Weise für Kreativitätstechniken. Das Bemühen muß dahin gehen, nicht nur bescheidene Elementarmethoden (Brainstorming, Kärtchentechnik, Methode 635) in die Anwendung zu bringen, sondern vermehrt leistungsfähigere Methoden, wie das synektische und morphologische Instrumentarium. Dabei ist zu berücksichtigen, daß ein einmaliges Kennenlernen dieser Methoden für eine wirksame Anwendung in aller Regel nicht ausreicht. Längerdauernde Trainings- und Experimentierphasen sind deshalb abzusichern.
(Thesen 6, 10, 14, 17)

Kommunikation und Kooperation

☐ Grundsätzlich soll Kommunikation zwischen allen betrieblichen Stellen und Instanzen so durchlässig wie möglich sein.

☐ Jedem Mitarbeiter sollen sich Gesprächspartner anbieten, die bezüglich eines gegebenen Problems oder Anliegens eine neutrale Position einnehmen.

Bild 2 Eine ehemalige Lackfabrik wurde zur ebenso anregenden wie prakti-
schen Stätte kreativer Teamarbeit: Blick in das FORUM der Herberts GmbH,
Wuppertal, anläßlich der Eröffnungsfeierlichkeiten.
Die FORUM-Idee ist inzwischen auf andere Unternehmen übergesprungen.
(Photo: Studio Hensel, Wuppertal)

158

□ Informationen sollen sich nicht nur auf Details der Aufgabenbewältigung beschränken, sondern auf übergreifende Sinnzusammenhänge hinweisen. Sie sollen weniger als Statements formuliert sein, sondern offene Fragestellungen enthalten, die zur Bildung eigener Urteile anregen.

□ Jeder Mitarbeiter soll sich zu jeder betrieblichen Frage äußern dürfen, und seine Meinung soll gehört werden.

□ Kommunikation soll auch nach außen weitgehend ungehindert möglich sein: Der kreative Mitarbeiter muß Kontakte zu externen Partnern pflegen und dort (Gremien, Vereinigungen, Fachkollegen) Gedankenaustausch führen können, wo er seine Interessen behandelt sieht.

□ Dialoge jeder Art sind zu ermuntern und zu fördern, vor allem über die jeweiligen Bereichsgrenzen hinaus.

□ Teambildungen sind auf möglichst flexible Weise zuzulassen und zu unterstützen. Persönliche Beziehungen sollten, so gut dies geht, bei der Teamzusammensetzung berücksichtigt werden. Es sollte allerdings vermieden werden, daß jemand gegen seine Neigung in ein Team verpflichtet wird (Bild 2).

□ Alle Mitarbeiter sollten mit den Grundregeln wirksamer Teamarbeit vertraut gemacht werden. Darüber hinaus sollten befähigte Personen zu Moderatoren ausgebildet werden, die kooperative Prozesse mit besonderem Geschick handhaben können und die Moderatorenaufgabe auch als Querschnittsfunktion erfüllen.

□ Bei allen Kooperations- und Kommunikationsprozessen sollte das Prinzip des positiven Denkens zur wünschenswerten Haltung erhoben werden. Es besagt, daß im Dialog jeder Partner darum bemüht ist, in den Gedanken des anderen vorrangig das Nützliche, das Positive zu suchen.

(Thesen 3, 5, 6, 9, 10, 17, 20, 21)

Organisatorische Regelungen und Einrichtungen

□ Generell gilt, daß der Reglementierungsgrad für alle betrieblichen Abläufe so niedrig wie möglich ist. Alle organisatorischen Vorschriften und Regelungen sind von Zeit zu Zeit daraufhin zu überprüfen, ob die Bedingungen für ihre Berechtigung noch gegeben sind.

- Kleinere organisatorische Einheiten sind reagibler, flexibler und lassen den Beteiligten mehr Raum, ihre persönliche Kreativität zum Ausdruck zu bringen.
- Wo immer möglich, sollte Ergebnisverantwortung delegiert werden – bei maximaler Entscheidungsfreiheit über Mittel und Wege der Ergebniserzielung.
- Besondere (kreativitätsfordernde) Aufgaben sollten an temporäre Teams als «Task-Forces» mit weitgehenden Kompetenzen zur Gestaltung ihres Problemlösungsprozesses vergeben werden.
- Zur Verstetigung innovativer bzw. kreativer Prozesse ist es empfehlenswert, bestimmte Einrichtungen wie
  – Weiterbildung, Personalentwicklung,
  – Betriebliches Vorschlagswesen,
  – Stabstelle Innovation/Zukunftssicherung oder
  – Qualitäts-Zirkel
  institutionell zu verankern.
- Angewandte Kreativität sollte ein ausdrückliches Kriterium für Weiterkommen sein. Neben dem Aufstieg in Führungshierarchien sollten parallele Aufstiegsmöglichkeiten in Expertenhierarchien geboten werden. (Thesen 6, 17, 20, 22)

Führungsstil

- Jede Führungskraft sollte ihre Hauptaufgabe darin sehen, Bedingungen zu schaffen, die ihren Mitarbeitern eine maximale Leistungsentfaltung und -förderung ermöglicht.
- Um kreative Menschen zu führen, wird man sie in ihrer Persönlichkeit respektieren, sich mit ihren kontroversen Meinungen konstruktiv auseinandersetzen, wird man individuelle Arbeitsstile tolerieren, Leistungen freimütig anerkennen und gegenüber den Mitarbeitern eher verständiger Zuhörer denn Befehlsgeber sein.
- Führung zu Kreativität sollte ferner einschließen,
  – Menschen nicht nur in fachlicher Beurteilung, sondern in ihrem ganzheitlichen Wesen zu erkennen,
  – die Entwicklung der Mitarbeiter hin zu ihren Neigungsgebieten zu unterstützen,
  – alle Tätigkeiten ethischen Grundsätzen zu unterstellen,
  – Mitarbeiter keinerlei betroffen machenden Leistungsvergleichen auszusetzen,

– bereitwillig Wissen weiterzugeben,
– auch dann Geduld zu üben, wenn sich Ergebnisse nicht in gewünschter Zeit oder Qualität einstellen,
– zu helfen, anstatt zu sanktionieren,
– Ängste vor Rivalitäten um die eigene Position zu vermeiden,
– sich eher als katalytischer Partner denn als Inhaber von Macht zu verstehen,
– sich schützend und verteidigend vor die Mitarbeiter zu stellen.

☐ Je höher der Rang ist, den eine Führungskraft im Unternehmen einnimmt, desto klarer muß sie sich bewußt sein, daß ihre Einsicht, ihr Verständnis und ihr *Wirken* bestimmen, ob und wie sich Kreativität innerhalb ihres Verantwortungsbereichs entfaltet. Sie muß wissen, daß reine Permissivität – auch wenn aus großer Toleranz geboren – aktive Signale und aktives Förderverhalten nicht ersetzen kann.
(Thesen 2 bis 10, 12, 14, 17, 19 bis 22)

Die methodische Unterstützung kreativer Problemlösungsprozesse

Überschaut man die gegenwärtig vorwiegend praktizierten Fördermaßnahmen zur Steigerung angewandter Kreativität, so bestehen deren Wirkungen überwiegend in der Schaffung von Handlungsräumen und in der Gewährung von Handlungsmöglichkeiten, in der Ermutigung zur Erweiterung der persönlichen Fähigkeiten, in der Entwicklung sozialer, insbesondere Team-Fähigkeiten, und vor allem in der Erweiterung von Wissen und Erfahrung. Das Learning by doing ist das tragende Element der persönlichen Entwicklung, der Mitarbeiter reift aus der Bearbeitung sich wandelnder Tätigkeiten und soll von daher zum eigenaktiven Wandel befähigt werden.

Es soll kein Zweifel daran gelassen werden, daß sich diese aus langjähriger Erfahrung entwickelten Maßnahmen, wie
– Job-Rotation: Übernahme einer mehr oder weniger andersartigen Aufgabe für zwei bis drei Jahre,
– Auslandsaufenthalte,
– Besuch einer (ausländischen) Business-School,
– Mitarbeit bei größeren Projekten: als Fördermaßnahme vor allem Beteiligung in Strategie-Projektteams,
– Teilnahme an inner- und außerbetrieblichen Fortbildungsmaßnahmen auf Empfehlung oder aus eigener Initiative,

– Wechsel in eine neuartige Aufgabe, um über ein «Generalisten-Profil» vor allem höheren Führungsaufgaben gerecht werden zu können,

zur Erreichung der damit angestrebten Ziele als nützlich erweisen. Dennoch fehlt im Hinblick auf die Entfaltung von Kreativität ein wesentliches Element, oder dies ist nur sehr schwach ausgeprägt:

die Auseinandersetzung mit dem schöpferischen Prozeß als solchem, das heißt die Entwicklung von Kreativität auf der Ebene der Mechanismen des Denkens.

Damit sind unterstützende Instrumente angesprochen, die wir gemeinhin als «Kreativitätstechniken» bezeichnen. Es wird nun versucht, diese Methoden summarisch zu skizzieren und einige ihrer Wesenszüge herauszustellen.

Zum Ursprung von Kreativitätstechniken

In der zweiten Hälfte der fünfziger Jahre dramatisierte sich der Wettbewerb zwischen Ost und West auf den Gebieten der Weltraum- und Militärtechnik auf solche Weise, daß Erfindungsprozesse fast schlagartig zu einem Mittelpunkt des Interesses wurden. Man erkannte zunehmend, daß sich Neuerungen offensichtlich nicht nach Belieben beschleunigen lassen, und versuchte deshalb, in das Wesen und in die Natur von Erfindungsvorgängen verständnisvoller einzudringen. Es war die Geburtsstunde der wissenschaftlichen Kreativitätsforschung. Während in den vorhergegangenen Dekaden wissenschaftliche Publikationen über Kreativität eher die Seltenheit waren, tauchte in den späten Fünfzigern und in den sechziger Jahren eine Flut von neuen Erkenntnissen auf, die über kreative Prozesse gewonnen worden waren [25]. Dabei lagen die Schwergewichte der Kreativitätsforschung in der Erkundung der kreativen Persönlichkeit (Merkmale, Wesenszüge, Motivationen), von inneren und äußeren Einflußfaktoren auf die Initiierung und den Ablauf kreativer Prozesse, in der Erkundung der Prozeßphasen und -qualitäten selbst sowie der Möglichkeiten, Kreativität in Bildungsprozessen zu formen. Des weiteren lag großes Interesse darin, Erkenntnisse aus den verschiedensten Quellen in praktikable Methoden umzusetzen, die den Erfindungsreichtum bei der Lösung von Innovationsproblemen fördern sollten. Die angewandten Forschungsmethoden waren sowohl psychoanalytischer wie (überwiegend) experimenteller Natur, d.h. Erkenntnisgewinnung aus «lebendigen» kreativen Prozessen. Als äußerst fruchtbare Quellen erwiesen sich daneben das Studium der Biographien hervorragender Denker sowie die introspektiv gewonnenen Einsichten hochkreativer Erfinder, Forscher und Künstler über ihre Schaffensprozesse.

Bei der Technisierung solcher Erkenntnisse ragte zunächst eine Methode über die anderen hinaus: Synectics, entwickelt von W. J. J. GORDON [26]. Es entsprach dem auslösenden Bedarf nach der Erforschung kreativer Erfindungsprozesse, daß Synectics (wir haben diese Bezeichnung in «Synektik» eingedeutscht) zuerst bei der Lösung von High-Technology-Problemen in der Militär- und Weltraumtechnik eingesetzt wurde. Da man bereits bei den ersten Versuchen überraschend erfolgreich war, erhielt diese Kreativitätstechnik eine enorme Publizitätswirkung. Ende der 60er Jahre wurde Synektik ebenso nach Deutschland missioniert und trug dazu bei, daß sich hier methodische Ideenfindung zu einem eigenen Zweig von Management-Techniken entwickelte. In diesem Sog erhob sich auch Brainstorming zu neuem Stellenwert, und das morphologische Gedankengut des Schweizer Astrophysikers und Universalgenies FRITZ ZWICKY (mit Wahlheimat USA) gewann an Verbreitung.

Im deutschen Sprachraum wurde der Boden für die Methodisierung kreativer Prozesse und deren Anwendung in Wirtschaft und Verwaltung durch ein groß angelegtes Forschungsprojekt des Frankfurter Battelle-Instituts geschaffen, das der Autor seinerzeit maßgeblich mitgestaltete und das im Jahre 1972 abgeschlossen war. Eine Zusammenfassung und Vertiefung der damaligen Forschungsergebnisse wurde in [5] vorgenommen. In den siebziger Jahren erfolgten Durchbruch und Verbreitung von Kreativitätstechniken bzw. Methoden zur Ideenfindung im Bereich der Bundesrepublik. Pionierunternehmen in der praktischen Anwendung waren konsumnahe Unternehmen und Hersteller von Gebrauchsgütern mit hohen Innovationsraten sowie internationale Werbeagenturen. Andere Branchen, wie die Investitionsgüter-Industrie, schlossen vergleichsweise rasch auf. Bemerkenswert war jedoch, daß es sich fast ausschließlich um produzierende Unternehmen handelte, während sich große Dienstleister – wie Banken und Versicherungen – eher zurückhielten.

Wie wird Kreativität methodisch bewirkt?

Die geradezu euphorische Hinwendung zu Kreativitätstechniken in den siebziger Jahren hatte jedoch – vorübergehend – eine insofern verwirrende Begleiterscheinung, als in schnellem Eifer zahllose methodische Varianten publiziert wurden, wobei in vielen Fällen (man möge mir diesen Kommentar nachsehen) der Wunsch nach Unsterblichkeit der Autoren größer schien als die Fähigkeit, die Welt mit Neuem zu bereichern. Siebt man Doppelnennungen und Bagatellvarianten aus, so bleibt dennoch ein respektables Instrumentarium, das je nach Art der Innovationsproblematik und je nach gegebenen situativen Bedingungen äußerst fruchtbar angewendet werden kann.

Jedes Werken bedarf eines angemessenen Arsenals an Werkzeugen. Mit Hammer und Zange alleine ist nicht viel getan. Deshalb sollte auch derjenige, der mit einer gewissen Diversifiziertheit von Innovationsproblemen zu tun hat, wenigstens diese Instrumentarien kennen und beherrschen:

- Klassisches Brainstorming,
- Methode 635,
- Kärtchentechnik,
- Ideen-Delphi,
- Imaginäres Brainstorming,
- Reizwort-Analyse
- TILMAG-Methode,
- Klassische Synektik,
- Semantische Intuition,
- Heuristische Umformulierung,
- Morphologischer Kasten,
- Morphologische Matrix.

Da über diese Methoden vielfach an anderen Stellen – auch im Hauptteil dieses Buches (Kapitel 6) – ausführliche Beschreibungen vorliegen, soll hier darauf verzichtet werden. Wir wollen jedoch ein wenig deutlicher herausarbeiten, welche Wirkmechanismen den Kreativitätstechniken zu eigen sind.

Synergie aus der Anwendung im Team

Zwar lassen sich – mit Ausnahme von Brainstorming, Methode 635, Kärtchentechnik und Ideen-Delphi – Kreativitätstechniken durchaus singulär anwenden, doch das gut kooperierende Team wird hinsichtlich Ideenvielfalt und Ideenqualität dem einzelnen in aller Regel überlegen sein. Wegen der Möglichkeit, ein Team heterogen zu besetzen, wird ein Wissensumfang auf das Problem gelenkt, der in einem einzelnen Kopf einfach nicht verfügbar ist. Weiterhin führen die persönlich unterschiedlichen Sichtweisen zu einer größeren Varietät der Lösungsansätze, und die Impulse auf Assoziation bewirken eine gesteigerte Flexibilität der Gedanken. Schließlich kann das Gruppenklima – das sich fallweise bis zu einer regelrechten Begeisterung zu entwickeln vermag – motivationale Effekte auslösen, die uns Denkprozesse dort noch fortführen lassen, wo wir sie alleine längst abgebrochen hätten.

Verhaltensregeln zur Vermeidung von Blockierungen

Bei feinfühliger Betrachtung unserer Alltagskommunikation werden wir sehr schnell feststellen, daß wir vielfach in einer Art und Weise miteinander umgehen, die der Entstehung schöpferischer Gedanken schon in den Ansätzen entgegenwirkt. Wir sind oft schlechte Zuhörer, neigen zu Autorität, haben sofort Gegeneinwände zur Hand oder können uns von eigenen Auffassungen kaum lösen. Seien wir uns deshalb bewußt, welche zarten, leichtflüchtigen Gebilde Gedanken sind! Eine einzige Geste, ein einzelnes Wort, kann bewirken, daß eine wertvolle Idee nicht gebildet wird, die sonst entstanden wäre. Die Begleitregeln zu Kreativitätstechniken legen uns nahe, bei schöpferischen Prozessen mit größerer Sensibilität füreinander umzugehen. Zu den Verhaltensregeln zur Förderung kreativer Teamarbeit zählen:

1. Schätze jeden Teilnehmer als gleich wert.
2. Bringe dich vorbehaltlos ein, biete dem Team dein ganzes Wissen an.
3. Zeige dich nicht als Vorgesetzter oder führender Experte.
4. Vermeide jegliche Wertung der hervorgebrachten Ideen, d.h., trenne die schöpferische Phase konsequent von der Phase der Bewertung.

5. Suche das Positive in den Ideen der anderen, greife es auf und versuche, es weiterzudenken.

6. Lasse deiner Intuition freien Lauf; äußere auch ungewöhnliche Gedanken.

7. Befreie dich vom Zwang, nur gute, sofort brauchbare Ideen finden zu müssen. Lasse dich von Spontaneität tragen – aber fasse dich knapp mit deinen Beiträgen.

8. Visualisiere deine Gedanken, wann immer dies nötig erscheint.

9. Drücke dich so einfach und verständlich wie möglich aus; vermeide wenig geläufige Fachbegriffe.

10. Signalisiere Lockerheit und bewahre den Sinn für Humor.

Die Regeln 4 bis 7 kennen wir als die Kernregeln des Klassischen Brainstorming. Zumindest diese, möglichst jedoch alle zehn genannten sollten bei der Anwendung von Kreativitätstechniken beibehalten werden, um ein Gruppenklima zu schaffen, das den Teilnehmern die notwendige psychologische Freiheit und Sicherheit als Voraussetzung für kreative Prozesse vermittelt.

Lösung der Gedanken aus Fixationen und Bindungen

In weitaus höherem Maße, als wir dies gemeinhin glauben, wird unsere Problemlösungstätigkeit durch Erfahrungen und gewohnte Sichtweisen behindert und eingeengt. Es bedarf deshalb bestimmter kognitiver Mechanismen, um sich aus derartigen Fixationen zu befreien. Solche Mechanismen enthalten beispielsweise die Heuristische Umformulierung, die uns konsequent dazu auffordert, alle möglichen Ansatzpunkte für neue Lösungswege zu suchen, oder das Imaginäre Brainstorming. Bei dieser Methode wird eine Entfixierung dadurch erzwungen, daß das gestellte Problem in ein imaginäres Problem verfremdet wird. Die sich zu diesem einstellenden Ideen werden dann überprüft, inwieweit aus ihnen Anstöße zu neuen Lösungsansätzen für das Realproblem hervorgehen.

Aktivierung aller Wissensbereiche

Schon kleine Tests reichen aus, um sichtbar zu machen, daß unsere Gedanken beim Problemlösen zumeist innerhalb des betroffenen Fachgebietes bleiben und darin kreisen. Deshalb gelingt es uns im

wahrsten Sinne des Wortes oft nicht, über «nahe» liegende Lösungsansätze hinauszukommen. Wir beziehen in unser kreatives Denkspiel
nur einen Bruchteil des verfügbaren Wissens ein. Da uns unsere
natürlichen Assoziationsmechanismen also oft nicht weit genug vom
schon vielfach durchdachten Erfahrungsmaterial wegführen, bieten
eine Reihe von Kreativitätstechniken quasi künstliche Assoziations-
sprünge an, um auf diese Weise Wissen zu aktivieren, das bisher noch
nicht auf das Problem übertragen worden war. Typisch für dieses
Prinzip zur Anregung von Kreativität sind die Reizwort-Analyse und
die TILMAG-Methode.

Die derart angeregten Denkprozesse haben formale Ähnlichkeit
mit dem analogen Denken. Es handelt sich sozusagen um die Provo-
kation interdisziplinärer Denkvorgänge: Wissen wird aus einem Er-
fahrungsbereich auf einen anderen – den Problembereich – übertragen und geht dort eine fruchtbare Verbindung ein. Dies ist eine
Prozeßqualität des Denkens, die vielen bekannten Erfindungen zugrunde lag.

Nutzung halb- und unterbewußter Problemlösungsfähigkeiten

Die Vorstellungswelt des kreativen Menschen ist wesentlich reicher
an Bildern und Symbolen als die des Unkreativen. Diese Bilder und
Symbole werden im eigentlichen Sinne nicht bewußt produziert,
sondern treten aus dem Schatten des Unterbewußtseins hervor, ohne
daß ihr Erschaffungszusammenhang rational erklärbar wäre.

Vereinfacht ausgedrückt, können wir viele Bilder und Symbole
unserer Imagination als Antworten auf uns bewegende Probleme
deuten, in denen wir Lösungen allerdings nicht klartextlich erkennen
können, sondern diese werden uns sozusagen verschlüsselt angeboten
und müssen dechiffriert werden. In unserer rationalen Problemlö-
sungswelt haben wir das symbolische Bild jedoch als Lösungshilfe
weitgehend verdrängt und damit verlernt, die Problemlösungskraft
unseres Unterbewußtseins zu nutzen.

Unser unterbewußter Geist hat Abermillionen Eindrücke, Erfah-
rungen und Erlebnisse abgespeichert. Da er um unsere bewußten
Probleme weiß, überprüft er diesen gewaltigen Erfahrungsschatz auf
Lösungsmöglichkeiten. Dabei findet er *prinzipiell* richtige Antwor-
ten, die allerdings in nichtfachliche Erlebnisinhalte gekleidet sind.
Diese werden unserem Bewußtsein dann in der geschilderten Form

als symbolische Bilder mitgeteilt. Die Sensibilisierung für den Empfang und die Interpretation von symbolischen Analogien ist ein elementarer Prozeßschritt in der Gordonschen Synektik. Die assoziativ ausgelöste Produktion von sinngebenden Vorstellungsbildern finden wir zum Beispiel in der Semantischen Intuition.

Systematische Erfassung des Möglichen

Auf diesem Prinzip liegt das Schwergewicht der sogenannten Morphologischen Methoden, die – auch wenn dies widersprüchlich klingt – das Kreative systematisch erschließen wollen. Gesicherte Stützpunkte des Wissens über die Qualitäten möglicher Lösungen werden systematisch variiert und kombiniert, um wenigstens annähernd ein Totallösungssystem aller denkbaren Lösungen zum gestellten Problem zu erzeugen.

Anwendungserfolg nur durch Lernprozesse

Aus den Beschreibungen der allgemeinen Wirkmechanismen soll die betonte Feststellung hervorgehen, daß man Kreativitätstechniken nicht ausschließlich mit Brainstorming oder mit dem Ausfüllen von Ideenkärtchen gleichsetzen darf. Diese Methoden, und einige artverwandte, sind *Einstiegsmethoden* in Prozesse kooperativer Ideenfindung, sie bilden die Oberfläche. Natürlich sind sie nützlich, aber ihre kreative Mächtigkeit ist nur gering.

Bedauerlicherweise wird jedoch allzu häufig das gesamte Instrumentarium kreativer Ideenfindung mit Brainstorming identifiziert. Da gleichzeitig diese «Allround-Methode» oft genug reichlich lasch und verwässert praktiziert wird, bleiben die erzielten Ergebnisse häufig hinter den Erwartungen zurück, und die daraus folgende Enttäuschung wird auf die Brauchbarkeit von Kreativitätstechniken generell übertragen.

Betrachtet man das verfügbare methodische Spektrum insgesamt, so muß mit demselben Bedauern festgestellt werden, daß nur ein Bruchteil davon konsequent genutzt wird. Die Klassische Synektik beispielsweise konnte sich nicht annähernd in dem Maße durchsetzen, wie es ihrem instrumentellen Wert eigentlich entspräche. Akzeptanzprobleme liegen in erster Linie darin, daß die meisten Menschen viel zu ungeduldig, viel zu kurzatmig bei der Aneignung einer Methode sind. Kreativitätsentwicklung ist ein *Prozeß*, der sich nicht schubartig von null auf hundert vollziehen läßt. Man darf nicht davon ausgehen, daß man eine Kreativitätstechnik – auch wenn ihre Abläufe einfach erscheinen – sofort in höchster Perfektion anwenden kann. Auch hier bedarf es der mehrfachen Übung, des Hineinwachsens, damit uns die angebotenen Mechanismen geläufig und zu eigen werden.

Maßnahmen der Personalentwicklung zeigen, daß Mitarbeiterqualifikation keine Angelegenheit von Tagen sein kann, sondern ein behutsamer und allmählicher Aufbauprozeß ist, den man im Grunde nie als völlig abgeschlossen betrachten kann. Selbst der im Berufsleben lange gereifte Mensch wird sich niemals als vollendet bezeichnen dürfen. Die Möglichkeit der Bereicherung bleibt uns ein Leben lang erhalten.

Kreativität, unsere Schaffens- und Schöpfungsfähigkeit, ist eine so hervorragende menschliche Eigenschaft, daß wir auch diese deutlich unter der Notwendigkeit der allmählichen Entwicklung betrachten müssen. Es gibt kein 3-Tage-Schnellverfahren, um Hänschen in Einstein zu mutieren. Es kann nicht sein, daß man eine Kreativitätstechnik nur vorgehalten zu bekommen braucht, um alleine dadurch zum Erfinder und Innovator par excellence zu werden.

Von der Oberfläche in die Tiefe

Wir hatten bereits hervorgehoben, daß nur derjenige kreativ sein wird, der auch kreativ sein will. Es geht nicht ohne eigenes Zutun. Wenn bei diesem Entwicklungsprozeß Kreativitätstechniken eingeschaltet werden, dann sollten wir dabei zwei Wirkebenen deutlich unterscheiden:

1. Ihre Anwendungs-(Verhaltens-)Regeln – wie die des Brainstorming – schaffen Rahmenbedingungen, die den Ablauf von kreativen Prozessen freihalten wollen von Reibungen, Konflikten bzw. von interpersonell verursachten Blockaden. Auf dieser Ebene kann man relativ schnell erfolgreich sein. Wir räumen damit einige Hindernisse gegen die Entfaltung kreativer Gedanken aus dem Weg. Doch die individuellen Prozesse des kreativen Denkens bleiben davon weitgehend unberührt. Wenn wir eine Analogie zu Fahrzeugen herstellen wollen: Wir haben damit die Handbremse gelöst, falls diese angezogen war.

Aber die Motorleistung, die erzielbare Höchstgeschwindigkeit, die konnten wir damit noch nicht verbessern.

2. Die *eigentliche* Kreativitätsentwicklung erfolgt auf der geistig-operativen Ebene, im individuellen Kopf. Hierzu müssen uns die eigenen Denkstrukturen plastischer werden, wir müssen im Gefüge der inneren Geistigkeit erkennen, welche Mechanismen die Bildung neuartiger Gedanken behindern oder unterstützen. Auf dieser Wirkebene sind Kreativitätstechniken im tieferen Sinne zu begreifen, und auf dieser Ebene kann die entscheidende kognitiv-operative Bereicherung erfolgen, wenn wir uns ihre Mechanismen aneignen. Kreativitätstechniken können uns dadurch kreativer machen, daß sie uns weitere Wege aufzeigen, wie wir mit Sinnstrukturen umgehen und unser Wissen vielfältiger verarbeiten können.

Maßnahmen zur Kreativitätsentwicklung erfolgen auf der Ebene der gedanklichen Operationen viel zu selten und viel zu schwach. Wir unterstützen zwar auf vielfältige Weise die Voraussetzungen, daß unsere Mitarbeiter (und wir selbst) kreativer werden *könnten* – durch Freiräume, Angebote von Wissen, Gedankenaustausch –, aber wir dringen zuwenig in das ursächliche kognitive Gefüge vor. Führung zu Kreativität muß ausgeprägter miteinschließen, daß kreative Prozesse in ihrer Natur als solche reflektiert werden, daß ihre Mechanismen bewußter werden, damit wir den Fallen der Routine und Stereotypie leichter entkommen. Dabei können uns Kreativitätstechniken durchaus helfen, wenn wir bereit sind, sie auf der Ebene ihrer Prozeßqualitäten besser verstehen zu wollen. Bei aller Schwerelosigkeit, in der uns kreative Prozesse manchmal erscheinen mögen, ist die Anwendung von Kreativitätstechniken mehr als nur das oberflächliche Spiel, für das sie manchmal gehalten wird. Doch um hier zu einem anderen Verständnis zu gelangen, ist es schlicht erforderlich, sich mit dem Phänomen Kreativität etwas gründlicher zu beschäftigen.

Grenzen und positive Nebenwirkungen

Kreativitätstechniken dürfen nicht verstanden werden als Mechanismen, in die man ein gegebenes Problem einfüttert, und Erfindungsideen entstehen dann im quasi-automatischen Ablauf. Wir müssen uns deutlich bewußt sein, daß für die Erzielung von Ergebnissen weniger die formale Methode als die sie anwendenden Menschen

verantwortlich sind. Die Methode verhält sich hier – auch wenn
dieser Vergleich dem Sachverhalt nicht ganz gerecht wird – eher wie
der Pinsel zum Maler. Sie befähigt, ohne den anwendenden Geist
ersetzen zu können.

Wenn jemand beispielsweise nach der Methode des Morphologischen Kastens arbeitet, und er scheitert dabei, dann liegt dies sehr
wahrscheinlich nicht an der Untauglichkeit der Methode (was der
Anwender als erstes anzunehmen geneigt ist!), sondern am mangeln-
den Geschick in ihrem Umgang. Das ist prinzipiell nicht anders, als
wenn jemand vom Fahrrad herunterfällt, weil er das Gleichgewicht
nicht halten kann. Auch hier liegt der grundsätzliche «Fehler» nicht
in der Natur des Fahrrades. Man kann sich damit sehr ökonomisch
fortbewegen, wenn man nur damit umzugehen weiß. Die Ergebnisse,
die sich mit einer bestimmten Kreativitätstechnik einstellen, werden
also immer davon abhängen, wer sie praktiziert, welche Voraussetzungen er mitbringt und – gerade bei den etwas anspruchsvolleren
Methoden – welche Erfahrung er im Umgang damit hat.

Weitere Grenzen dieses Instrumentariums werden ebenfalls sofort
offenkundig. Kreativitätstechniken können zwar bewirken, daß wir
unser Wissen bei schöpferischen Prozessen vielfältiger nutzen, aber
sie können notwendiges Wissen natürlich nicht ersetzen. Nur das
kann in kreative Lösungen einfließen, was an Wissens- und Erfah-
rungsbausteinen in einem Kopf auch tatsächlich vorhanden ist. Auf
die grundlegende Bedeutung des Wissens für schöpferische Prozesse
wurde bereits hingewiesen. Insofern ist es für jedes Unternehmen von
zentraler Bedeutung, ein möglichst offenes, vielfältiges Netz an Infor-
mations- und Kommunikationkanälen zu pflegen, durch das notwendiges Wissen unbehindert ausgetauscht werden kann. Daraus ergibt
sich auch der hohe Stellenwert aller Dialoge bei Problemlösungsprozessen und die phänomenale Wichtigkeit, Erfahrungen in unterschiedlichen Tätigkeitsbereichen sammeln zu können (und zu wollen). Mit jeder weiteren Wissensaufnahme erhöht sich das latente
kreative Potential eines Menschen.

In diesem Zusammenhang ist der Hinweis zu betonen, daß die
systematische, den Möglichkeiten und Sinnfälligkeiten angemessen
häufige Anwendung von Kreativitätstechniken als enormer Verstär-
ker der wechselseitigen Wissensvermittlung dient. Kreativitätstechniken werden überwiegend im Team praktiziert, das heterogen, inter-
disziplinär besetzt ist. Jedes der Teammitglieder drückt nun –

verdichtet in seine Ideen – in hochkonzentrierter Form sein Wissen und seine Erfahrung aus, die unmittelbar jetzt auch zum Erfahrungsbestandteil der anderen Teilnehmer werden. Es dürfte kaum eine zweite Kooperationsform geben, die Überkreuz-Wissensvermittlung in ähnlicher Mächtigkeit bewirkt.

Ihre Grenzen finden Kreativitätstechniken hingegen ebenso bei der so überaus bedeutsamen Frage der Motivation. Wir hatten es bereits mehrfach angesprochen: Kreativität entsteht aus dem inneren Wollen. Natürlich kann mit der Einladung zu einem Brainstorming der Name Brainstorming alleine nicht bewirken, daß der Eingeladene auch hochmotiviert zur Kreativsitzung erscheint. Man kann niemand zur Kreativität verpflichten, auch nicht per Methode. Diese muß aus ihm selbst heraus entfaltet werden wollen.

Andererseits kann aber immer wieder beobachtet werden, daß die besonderen Regeln und Vorgehensweisen, die wir bei Kreativitätstechniken finden, ein Problemlösungsklima schaffen, das auf die Beteiligten in positiver Weise anregend wirkt, also durchaus motivierende Effekte zeigt. Viele Menschen sind von der Art der Durchführung so mancher konventioneller Konferenzen – mit den enthaltenen Kontroversen, Reibungen oder streßerzeugendem Taktieren – so genervt, daß sie den freiheitlichen Geist, der Kreativsitzungen auszeichnet, besonders schätzen und darin regelrecht aufblühen. Zudem sollten wir bedenken, daß diese Form des Problemlösens abteilungsübergreifende Kontakte fördert, Verständnis für die Probleme der Kollegen in anderen Fachbereichen unterstützt, ebenso wie die Akzeptanz und Durchführung einer gemeinsam gefundenen Lösung. Des weiteren fördern die enthaltenen Regeln Sicht- und Verhaltensweisen, die für das betriebliche Innovationsgeschehen unverzichtbar sind. Gemeint ist vor allem die wachsende Bereitschaft, das Nützliche in den Vorschlägen der anderen zu suchen, vorschnelle Urteile zurückzustellen und von den eigenen Meinungen abweichende Konzeptionen konstruktiv weiterzudenken.

Die Anwendung fokussieren

Kreativitätstechniken sollten nicht mit der Gießkanne im Unternehmen verbreitet werden. Sicherlich gibt es Grundmethoden, wie Brainstorming oder Brainwriting-Verfahren (Methode 635, Kärtchentechnik), von deren Kenntnis jeder Mitarbeiter profitiert, die

man sich schnell aneignen kann und die nahezu in jedem Aufgaben-
gebiet wenigstens gelegentlich angewendet werden können. Der Bedarf an kreativen Spitzenleistungen ist jedoch quer durch das
Unternehmen keineswegs einheitlich. Viele Aufgaben können mit
solidem Wissen, Engagement und lebendigen sozialen Fähigkeiten
(Zuvorkommenheit, Kollegialität, Aufgeschlossenheit, Konzilianz
und Beweglichkeit) auf hervorragende Art und Weise bewältigt werden. Da weiterhin viele Stellen eine Kontinuität der Aufgabenerledigung voraussetzen, auch weil sie in bestimmte Ordnungsgefüge
und Ausführungsrichtlinien eingebunden sein müssen, wäre es wenig
sinnvoll, dort anspruchsvolle Kreativitätstechniken hineinzuentwik-
keln. Den betroffenen Mitarbeitern würde ein Instrumentarium na-
hegebracht, das sie im Rahmen ihrer Tätigkeit gar nicht ausschöpfen
könnten.

Anders jedoch ist die Situation in den Brennpunkten der für uns
vitalen Innovationsprobleme – dort, wo die Leistungsfelder der Zukunft bestellt werden. Hier wird unsere Schöpferkraft zum unverzichtbaren gestaltenden Element. Sei es bei der Bearbeitung übergreifender Projekte, in außergewöhnlichen Beratungsfällen, bei
strategischen Neuorientierungen, bei Technisierungsvorhaben, bei
der Konzeption neuer Produkte und Dienstleistungen, mag es neue
Wege in die Märkte oder die Festigung der Beziehungen zu derzeitigen
Kunden betreffen – hier ist die zweitbeste Lösung nicht mehr gut
genug. Und hier sollten die Chancen nicht ungenutzt bleiben, die uns
die professionelle Anwendung ausgewählter Kreativitätstechniken,
speziell in der Form von Workshops, bieten.

Literaturverzeichnis

1. HENTZE/MÜLLER/SCHLICKSUPP: *Praxis der Managementtechniken.* München und Wien, 1989.
2. WEBER, B.: Deutsche Innovationsschwäche – ein Kommunikationsleiden. In: *Wirtschaftswoche*, Nr. 1/2, 1983.
3. SCHLICKSUPP, H.: *Produktinnovation.* Würzburg: Vogel Buchverlag, 1988.
4. SCHLICKSUPP, H.: *Innovation, Kreativität und Ideenfindung.* Würzburg: Vogel Buchverlag, 4. Aufl., 1992.
5. SCHLICKSUPP, H.: *Kreative Ideenfindung in der Unternehmung.* Berlin/New York, 1977.
6. BUGDAHL, V.: *Kreatives Problemlösen.* Würzburg: Vogel Buchverlag, 1991.
7. DOMSCH, M./REINECKE, P.: Bewertungstechniken. In: N. Szyperski (Hrsg.): *Handwörterbuch der Planung.* Stuttgart, 1989.
8. BUGDAHL, V.: *Methoden der Entscheidungsfindung.* Würzburg: Vogel Buchverlag, 1990.
9. SCHLICKSUPP, H./FAHLE, R.: *MORPHOS- Methoden systematischer Problemlösung.* Handbuch zur Software. Würzburg: Vogel Buchverlag, 1988.
10. SCHLICKSUPP, H./BERGER, H. S.: *Methoden zur Ideenfindung für innovative Problemlösungen.* Ein Folienprogramm. Frankfurt und Offenbach, 1978.
11. EINSTEIN, A.: Religion und Wissenschaft. In: H.-P. Dürr (Hrsg.): *Physik und Transzendenz.* Die großen Physiker unseres Jahrhunderts über ihre Begegnung mit dem Wunderbaren. Bern/München/Wien, 1988, S. 69 und 70.
12. DURANT, W.: *Das klassische Griechenland.* Kulturgeschichte der Menschheit, Band 3. München o.J., S. 397
13. In: W.Y. EVANS-WENTZ (Hrsg.): *Das Tibetanische Totenbuch.* 7. Auflage der Sonderausgabe. Olten, 1983.
14. HEISENBERG, W.: *Ordnung der Wirklichkeit.* In: H.-P. Dürr, a.a.O. S. 331/332. Heisenberg glaubt jedoch, daß dieses Bewußtsein nur wenigen begnadeten, erleuchteten Menschen offenliegt.
15. DURANT, W. u. A.: *Vom Aberglauben zur Wissenschaft.* Sonderausgabe. München, 1985.
16. Hier kann nur eine sehr begrenzte Diskussion von Kreativitätsblockaden erfolgen. Jedem weiter Interessierten sei empfohlen: RAUDSEPP, E.: *So steigern Sie Ihre Kreativität.* München, 1985.
17. POPPER, KARL R./ECCLES, JOHN C.: *Das Ich und sein Gehirn.* 8. Aufl., München, 1989.

18. Landau, E.: *Psychologie der Kreativität*. München, 1969.
19. Dito, S. 53.
20. Dito, S. 54 f.
21. Freise, E. B.: Bildungsbedarf ist kein Reparaturfall. In: *Weiterbildung*, 3/89.
22. Van der Ploeg, Sjoerg: Warum denken wir «einseitig»? In: Hans-Chr. Riekhof (Hrsg.): *Strategien der Personalentwicklung*. Wiesbaden, 1986.
23. Zitiert bei Von Franz, M.-L.: Das Unbewußte und die Wissenschaften. In: C.G. Jung u.a.: *Der Mensch und seine Symbole*. 7. Aufl., Olten, 1984.
24. Vgl. in diesem Zusammenhang das Kapitel «Sichtbar gelebtes Wertesystem» in Peters, Th.J./Waterman, R.H.: *Auf der Suche nach Spitzenleistungen*. 6. Aufl., Landsberg, 1984.
25. Eine nach wie vor lesenswerte Zusammenfassung findet sich in Ulmann, G.: *Kreativität*. Weinheim/Berlin/Basel, 1968, oder in Taylor, C.W. (Hrsg.): *Widening Horizons in Creativity*. New York/London/Sidney, 1964.
26. Gordon, W.J.J.: *Synectics – The Development of Creative Capacity*. New York/Evanston/London, 1961.

Stichwortverzeichnis

178

179

Bitte liefern Sie das Software-Programm

Creativ-Workshop

baldmöglichst an die umseitige Adresse.

Das gewünschte Diskettenformat ist

☐ 3,5"　　☐ 5,25"　　(bitte ankreuzen)

Der Einzelpreis beträgt 295,– DM + MwSt., inklusive Porto und Verpackung.

Bestellumfang: _____ Exemplar(e)

Sie möchten die Software **Creativ-Workshop** zur Unterstützung der Planung, Organisation und Durchführung von kreativer Teamarbeit und Problemlösungskonferenzen nutzen?

Bitte benutzen Sie die austrennbare Bestellkarte!

**Innovationsberatung
Dr. H. Schlicksupp
Bieths-Straße 35**

W-6900 Heidelberg 1

Name, Vorname

Abteilung/Bereich

Firma

Straße/Postfach

PLZ – Ort

Datum, Unterschrift

für Rückfragen:

Tel.: _____   Fax: _____

Die Karte ist bereits ausgetrennt?

Dann bestellen Sie bitte das Software-Programm bei

**Innovationsberatung
Dr. H. Schlicksupp
Bieths-Straße 35
W-6900 Heidelberg 1**
Tel. 0 62 21/41 03 64, Fax 0 62 21/47 52 46

Bitte vergessen Sie nicht, das gewünschte
Diskettenformat (3,5" oder 5,25") anzugeben.